2代目社長奮闘記

売上目標をなくしたら利益が10年で10倍になった!

スモールカンパニーは仕組みと感謝だけで成長する

茶橋昭夫
㈱テックビルケア 代表取締役社長

現代書林

まえがき

世の中は、多くのビジネス書で溢れ返っています。

それらの本を読んで、実際に自らの会社に役立てようとする経営者の方々も多いと思います。私もその1人でした。

私は『株式会社テックビルケア』の創業者の息子です。

実際に代表取締役に就任したのは2019年4月ですが、会社には2007年4月に入社し、それから数年後には実質的に会社の経営を任されてきました。

つまり、2代目社長としての道を歩んできたのです。

そのため、大学時代から自己啓発書やビジネス書の類は、相当な数を読んで勉強してきたつもりです。これはと思った考えやノウハウは、後に自分の会社の組織や人事に取り入れています。

しかし、当社には馴染まなかったノウハウも多々ありました。

やはり、多くのビジネス書で紹介されているのは、大企業向けのノウハウでした。当社のような正社員が20名弱で、パートさんやアルバイトさんを入れて80名ほどの規模の会社にはそぐわない例や仕組みが多かったのです。

当社のようなスモールカンパニーでも、私が実際に取り入れて効果が実感できた体験を紹介したい――。その思いで、本書を出版する運びとなりました。

入社して社長になるまで10年以上かけて、試行錯誤を積み重ねた結果、たまたま運がよかったのかもしれませんが、会社を着実に成長させることができました。

社内のシステムを一新し、明るい社風が根づき、その上で利益が10年前に比べて10倍まで伸びています。

本書に自分がやってきたことを体系的にまとめることで、自分の中の知識の整理になるし、私と同じような立場の人に読んでもらって、何かの参考になれば嬉しく思います。

あとは、当社の社員に私の考えや、価値観をより深く知ってもらうための材料になればいいとも考えています。

そして、この本を手にとってくれたあなたに、まず私が一番好きな言葉をお渡しします。

「ありがとうございます」

目次
CONTENTS

まえがき 3

序章
スモールカンパニーながらも私の会社は成長している

私の会社は「建物の未来を守る仕事」をしている 12
「消防・検査・調査」をワンストップで提供 13
クライアントは帯広から宮古島まで全国区 15
防災コラム1 私が仕事のために持っている〝7つの資格〟 18

第1章
私はいろいろな経験を経て2代目社長へと進んできた

たった1人で清掃会社を創立した父 22

将来のために大学時代からキャリアを構築　25
スキルとビジョンとともに父の会社へ入社　30
泥臭い昭和の営業スタイルを脱却して一気に躍進　32
労働集約型から付加価値のあるビジネスへ　35
「仕組み」と「ルール」で他社に打ち勝つ　42
防災コラム2
建築防災に深く関連する〝建築基準法第12条〟　47

第2章

社長が学ばなくなったときから会社の未来はなくなる

社長が「裸の王様」にならないための仕組みづくり　50
自分が「実績」で示すしかないと決意する　54
私が入ってから辞めなかった社員は2名だけ　57
「労働時間が長い割に安月給」という率直な意見　60

健康管理でもトレーニングを習慣化する　63
緊急事態宣言中にツイッターを始めてみる　65
毎月の第1月曜日には先祖の墓参りを欠かさない　67
手書きの日記に毎日「感謝の言葉」を記す　69
朝刊の気になる記事を140字でまとめる　74
経費はそこまで厳しく節約しなくてもいい　77
社長として一番大事にすべきは「自己肯定感」　79
防災コラム3　宿泊場所の消防設備や避難経路が気になる〝職業病〟　83

第3章　たくさんルールをつくるほうが社員はのびのび働ける

3S（整理・整頓・清掃）活動を会社に導入する　86
バラバラのデータをクラウドサービスに統一する　92

月1回の「コツコツ面談」で社員と話をする 95
おやつで雑談する「もぐもぐタイム」を設ける 98
社員のみんなと語り合える場を設定する 100
「朝令暮改」こそがスモールカンパニーの強み 106
防災コラム4 点検業務でとても大事になる〝接客スキル〟 111

第4章 社長の考えを理解してもらうと会社のレベルは上がる

挨拶・日報・朝礼・環境整備を徹底して行う 114
出勤したら全フロアで元気に挨拶をする 116
「元気が出る朝礼」では経営理念を唱和する 119
人材採用は会社の運命を左右する一大イベント 124
一次面接は社長で二次面接は担当部長が行う 129

社員のモチベーションを内部から芽生えさせる 133
売上目標ではなく「利益目標」を掲げる 137
「経営計画書」を作成して夢と覚悟を記す 140
社員とのコミュニケーションは頻度で深まる 143
「家族会」を開催して社員の家族にも感謝する 147
防災コラム5 **勝負のポイントは安売りではなく〝適正価格〟** 152

第5章 感謝が溢れる社風づくりが経営のすべての基本になる

日報には「感謝のコメント」を入れるのがルール 156
社風は「笑顔」と「ありがとう」から生まれる 158
社長の私が率先して選んだ掃除当番は「トイレ」 162
賞与は感謝を込めて社員に手渡しする 165

お客様にも「お役立ち活動」で感謝を示す 166
真のチームワークは「切磋琢磨」で培われる 174
社員を「Well-being」にしたい 178
防災コラム6
東京と大阪で感じている“お客様の違い” 181

終章

2代目社長だからこそ絶対に大切にすべきことがある

2代目だからこそ感じられる「つながり」 186
2代目だからこそ味わうことになる「苦労」 187
今があるのは信じて任せてくれた先代社長のおかげ 189
経営理念は創業時から脈々と受け継いでいる 191

あとがき 196

序　章

スモールカンパニーながらも私の会社は成長している

▼私の会社は「建物の未来を守る仕事」をしている

私は2019年4月に『株式会社テックビルケア』の代表取締役に就任しました。

創業者であり、現会長である父から会社を引き継いだので、私はいわゆる「2代目社長」ということになります。

当社の主な業務内容としては、消防法に基づく「消防設備点検」、建築基準法に基づく「定期報告」などを請け負っております。

広い意味で言うと「ビルメンテナンス業」にカテゴライズされるのですが、私は個人的にこの言葉があまり好きではありません。建物の管理に関する何でも屋のイメージがあるからです。その呼ばれ方をしていると、プロのスペシャリストとしてのやりがいや誇りが持てない気がするのです。

ですから、もし誰かに「何の仕事をしていますか？」と尋ねられた場合、いつも私はこう答えています。

「建物の未来を守る仕事です」

当社の法令検査や調査によって、その建物を将来まで安心して使えるサポートをする。つまりは、建物の未来を守るコンセプトで取り組んでいる仕事だと示したいのです。

正直言って、当社は働く人が１００人に満たないスモールカンパニーです。日本全国３８０万社のうちの99％を占める中小零細企業です。

しかし、私は志を抱いています。

少数精鋭の専門会社として、建築防災という業界をリードし、全国展開を果たし、いずれは海外展開までを目標にしているのです。

▼「消防・検査・調査」をワンストップで提供

当社は創業当時から現在の業務内容だったわけではありません。

約12年前までは『近畿クリーナ』という清掃の会社と、『ビルテクノ』という設備関係をやる会社の2社を父は経営していました。

最初は建物の清掃業務がメインでした。でも、いろいろな建物に出入りして作業をしていると「お宅でこれもお願いできませんか？」と設備系の点検や調査を打診されます。

父は、人の役に立つことが大好きなので、「やります」と引き受けてしまいます。自分の知らない分野でも、勉強すれば何とかなるだろうという精神の持ち主でした。実際、消防設備の点検には資格の取得が必要になります。

資格が必要な仕事なので付加価値が高いのです。

ただ『近畿クリーナ』で本格的に取り組むことに異論も出てきます。お客様によっては清掃会社が片手間で消防点検をしていると見られかねないという意見です。一理あるということで、『ビルテクノ』という別会社を設立しました。

この防災というジャンルへと幅を広げたことが現在の主力事業につながっています。防災へのシフトが当社の転機になりました。

まず清掃業界に比べてライバルが少ない。その上、市場が大きいのです。業者に清掃を頼まないビルはあっても、消防点検を依頼しないビルはありえません。法令で行政からチェックが入る制度があるからです。

父自身が「清掃会社のままだったら、生き残れていなかったかもしれない」と述懐しています。

私の入社を機に、2つの会社を統合し、『テックビルケア』が誕生しました。

現在の当社では、クライアントの建物の消防設備点検や定期報告、貯水槽維持管理、非常用発電機の負荷運転までトータルにコンサルティングをしています。

この業界は、「消防設備関係だけやります」という会社が多いのです。なので、消防設備点検に限らず、建物の防災に関する法令点検をワンストップ（ひとつの場所ですべて揃い、用事が全部できる）でやれるのは、当社の強みになっています。

▼クライアントは帯広から宮古島まで全国区

当社は大阪本社と東京支社で活動していますが、おかげさまで、発注してくださるクライアントは全国に広がっています。北海道から沖縄まで47都道府県のほとんどから依頼があります。私自身、一番忙しかった時期には月の3分の2ぐらいは出張でした。

近年、お話をいただくことが多いのは、老人福祉施設のお客様です。建築基準法や消防法などでも一番厳しい規制がかかっているのです。災害や事故が発生した場合、〝避難弱者〟であるお年寄りなどがいる施設なので、法律で定期的にチェックすべき項目が多く定められています。

ニッチな業界ということで、状況的には恵まれています。日本全国に満遍なく業者がいるわけではありません。だから、建物の管理者に「あなたのビルの定期報告をしなさい」という督促状が行政から届いた場合、どこに連絡すればいいのかわかっている人は少ないのでしょう。たぶんインターネットで「建築基準法12条　点検業者」とかの検索ワードを入れて調べると思うのですが、当社が上位に出てきやすいため、遠方からでも連絡をいただく結果になっています。

しかも、点検や検査に必要な保有資格は全国共通なのですが、定期報告で対象となる用途や規模は各自治体が細則で決めるため、異なる場合があります。ベースとなる基準は国が定めていますが、細かい基準は各自治体が決めることになっているのです。

例えば、同じ用途の建物でも大阪なら必要ない検査を、東京の建物では実施する必要があるケースが出てきます。報告書の様式なども県によって違うため、お客様の所在地により検査内容をお答えできるように各都道府県の基準をまとめています。

そうしたことも含めて、前職から消防点検で12年弱、そして定期報告で10年弱と、いずれも現場で経験を積み重ねてきましたから、建築防災については相当詳しいと自負しています。

そんな私が本を出版することになりました。

まずは、当社がどんな会社であるかを発信したいからです。これから入社していただく新しい人たちに、当社はどんな会社で、どういう社長が経営しているのかを知ってもらうための判断材料にしてもらいたいのです。

もう一つの大きな目的として、私と同じような2代目社長の皆さんの参考になれば何よりだと考えています。

私は社長としては3年目ですが、父の会社に入ってから10年以上、自分なりに体系的にいろいろなことを積み重ねて、会社をより良くしてきました。社内のさまざまな改革や業務改善によって、会社は着実に成長しています。

口幅ったいですが、前述のように、巷に溢れるビジネス書は中堅・大手企業を対象にした内容が数多く散見されます。私見では、本当にスモールカンパニーの現場で使える知識や情報にはなかなか突き当たりません。

この10年間で経常利益を10倍にできた私の実践に裏打ちされたノウハウが、読者の皆さんの参考になれば嬉しく思います。

防災コラム 1

私が仕事のために持っている〝7つの資格〟

消防設備の点検では、設備の種類によって資格の類が決まっています。

それが消防設備士Ⅰ類から7類という資格になります。

例えば、消防設備士のⅠ類はスクリンプラーや消火栓が点検できるなどの条件があり、消防設備をすべて点検したいと思えば、Ⅰ類から7類まですべて取得しておく必要があります（厳密には特類というものもあるのですが、全国でも対象設備が少ないので、ここでは省略します）。それぞれ個別の筆記試験に合格しなければなりません。

一番簡単で一般的な消火器を点検するなら6類です。

そのため、未経験でこの業界に入ってきた人は、まず6類から取っていくことを先輩から勧められると思います。消火器というのは一般にもなじみがありますし、実際の点検もやりやすい作業です。

6類の次は火災報知器を点検する4類という流れでしょう。その後はガスの消火設備やスプリンクラーに関する１類とか３類という高度な資格に移る。そういう順番で取得していくことが多いと思います。

ちなみに私は大学時代に１類から７類まで１年半ほどかけて、一気にすべて取得しました。自分で言うのも何ですが、業界に入る前に１～７類のすべての資格を取る人は珍しいです。

すでに父の会社が消防設備を手がけはじめていたので、いずれ会社に入るなら、私も消防の資格が絶対に必要だという意識がありました。

現場でスプリンクラーを触ったことがない私でも、テキストの勉強だけで取れました。

ただ、防災の会社に就職でアプローチした際には、担当者に訝《いぶか》しがられて困りました。

電話で問い合わせたときに「点検に必要な資格は全部持っています」とアピールしたら、「この業界は未経験ですよね。いつ取得したのですか？」「学生時代に全部、取りました」というやりとりの後、「え？」みたいな感じでした。最後に電話を切るときに、受話器の向こうから「全部、資格を持っているんだって！」

と驚いている声が聞こえました（笑）。

珍しい名字なので、調べられて「お父様が同業で会社を経営されているのですね」と面接時に言われたこともあります。

誰も知らないことだと思いますが、とにかくこの業界にはそういう資格があるということです。

第 1 章

私はいろいろな経験を経て
2代目社長へと進んできた

▼たった1人で清掃会社を創立した父

私は経営者の端くれとして、経営学はもちろん、財務会計、マーケティング理論や心理学まで、経営に必要な知識を勉強してきたつもりです。また、当社へ入社する前に、経営コンサルタントになることも目標にしていたので、「中小企業診断士」の勉強も5年ほどしていました。企業経営に必要な財務から経営法務に至るまで、さまざまなジャンルの勉強を積み重ねていたことも大いに役立ちました。

そんなこともあり、私は会社の経営戦略や人材育成に実際に取り組み、ある程度の結果を出してきました。もちろん、まだまだ道半ばであり、今後も精進を続ける所存ですが、ここまでに至る私の取り組みや考え方を書籍という形で残すことにしました。

そこで、まずは父と私の歩みを簡単に紹介しておきます。

父は1人で清掃業者をはじめ、やがて『近畿クリーナ』という会社を1983年4月に立ち上げました。今から40年近く前になります。私は1981年1月生まれなので、物心がついたときには、すでに会社がありました。

父が母と結婚して暮らしていた府営住宅の一室を自宅兼事務所にして営業していたそうです。当時はバブル経済でもあり、時代の流れに乗って、どんどん事業の規模は拡大していきました。もちろん、父の努力もあったはずです。

事務所が手狭になってきたため、１９８６年ぐらいに、大阪府摂津市の一軒家に引っ越しました。３階建ての一軒家で、１階を事務所、２階・３階を自宅にしていて、そこに移ったのを幼稚園児だった私は覚えています。

中学校を選ぶ際に、私の最初の転機がありました。

父親から岐阜県にある全寮制の中高一貫校を勧められたのです。正直言って、小学６年生の私からすればとくに反対する意思もなかったので、「じゃあ、そこに行く」という感じでした。

その学校では自立心を持つことや、人生で大事なものは何かを見失わずに生きなさいなどと折に触れて教えられました。当たり前のことばかりですが、そういう人間性や精神論を重視している学校は少ないのかもしれません。それが父の教育方針に合っていたのです。

父自身が最初に就職した会社で、より良い人生を送るための考え方について社員教育を受けたそうです。その体験が父にとってはすごく衝撃だったそうで、本当に良い価値観だと思っているため、自分の子どもにも教えたかったのだと思います。

父は社員教育には熱心な経営者でした。のちに社長となる私もその理念を踏襲していくことになります。

中学からの寮生活は規律とルールの中で毎日を送りました。先輩と相部屋になり、朝の起床時間から消灯時間まで規則正しく過ごします。起床後は登校前にグラウンドにみんなで走って集まり、朝礼をします。そのあと、部屋に戻って授業の準備です。朝昼晩の食事の時間も決められていて、食堂に集合してみんなで食べる生活でした。

自立心は、普通の同世代より強くなったと思います。食事は食堂の担当者がつくってくれますが、それ以外の雑務は自分たちで行います。部屋の掃除は当たり前で、朝起きたら布団を畳んで、洗濯も自分たちでやらなければなりません。共用の場所は当番を決めて清掃しないと誰もキレイにしてくれません。

この寮生活の経験が、現在の私にも大きな影響を与えています。

今、会社を経営する際に、よく精神論やルールを重んじるのですが、自分の価値観の原点はあのとき根づいたのだと思います。

▼ 将来のために大学時代からキャリアを構築

私は中学・高校と寮生活をし、高校の1年間はニュージーランドに留学しています。親子でともに生活する時間は一般的な家庭と比べて少なかったです。必然的に親子の会話も多くありません。

そのせいか、私には反抗期が思い当たりません。思春期になると、親に逆らってぶつかったりするそうですが、私にはそれらしい記憶がないのです。

現在でも父の意見に対して、私が反対意見を言う場合はありますが、口論にまで発展するケースはまずありません。妻から見ると冷めた親子関係に感じるようで、「もっとお父さんと喧嘩しなさいよ」と言われます（笑）が、私自身は言いたいことを我慢しているわけではないので、とくに問題視していません。

「先代の社長はメチャメチャ厳しかったですよ」

昔から働いている社員はよく私にそう言います。でも、私自身は今まで父から怒鳴られたり、こっぴどく叱られた経験がありません。

むしろ、優しくされた、忘れられないエピソードがあります。

私には高校時代の剣道部に強烈な挫折経験があるのです。

私は中学から剣道部にいて、高校でもそのまま剣道部にいました。その剣道部は強豪で、とにかく毎日がひたすら練習漬けです。

そして高1の夏合宿で限界になりました。食事の時間以外、ずっと練習を続けていて、体力的にも精神的にも追い詰められたのです。本当に耐えられなくなって、ついに無断で合宿を抜け出して、家に帰りました。

そのとき、父は一言も私を怒らなかったのです。それどころか、逃げてきた私を「人間には誰でも挫折はあるよ」と温かく迎えてくれました。部活をやめたいという相談をすると、「わかった。だが、顧問の先生にはしっかりと話をしてこい」と言われて、数日後に学校に戻って退部しました。今何かつらいことがあっても、あのときのつらさに比べれば平気だと思っています。同時に、つらくて逃げた私の気持ちに寄り添ってくれた父の優しさに、今でも感謝しています。

高校からは関西大学の電気工学部に進みました。最初は東京の大学に行きたい気持ちもあったのですが、私がずっと親元を離れていたためか、父から「しばらくは関西にいときなさい」と言われ、それもそうだなと関西圏で通える大学を探しました。

その段階では、父の会社に入って将来役立つためにという意識は具体的にはなかったように思います。でも、理系の私がどの学部を専攻するか迷って相談したときに、父からは「電気は何にでも役立つし、絶対に必要なものだから、とくに志望がないなら電気を取っておけばいい」とアドバイスされて、自分でも納得しました。

大学時代は、父の会社である『近畿クリーナ』で清掃の仕事を、『ビルテクノ』では消防設備点検のバイトをしていました。どちらもやってみて、当時から清掃の仕事にはあまり魅力を感じていませんでした。作業そのものがしんどくて、私には無理だと思ったのです。だから、自分がやるなら設備系のビジネスがいいなと決めていました。

とはいえ、父の会社をいつから継ごうと思ったのかについては、明確なきっかけは思い出せません。いよいよ就職が現実に迫ってきた時期に、父から「最初は他の会社で社会人を経験しなさい」と言われたのです。いきなり、父の会社に入ってきても、社員から特別視されるし、他の職場を全然知らないのもいいことではないと助言されました。だから、その頃には将来、父の会社に入る選択が自分の中にもあったはずです。

大学では、学年順位1番の人から個別に呼び出され、いわゆる一流企業の枠から順番に就職先を選ぶことができました。自慢になりますが、私は学年で5位くらいの成績だったので、一流企業への就職を選ぶこともできたのですが、「自分で就職活動をしてみたいので大丈夫です」と断りました。当時はロスジェネ世代と言われる超就職氷河期だったため、友達には「おまえはアホか」と呆れられましたが、自分の本当の市場価値を試してみたかったのです。

だから、他社を経験してこいという父の言葉がなかったとしても、大学卒業後すぐに今の会社に就職する気はありませんでした。やっぱり自分の実力で勝負してみたいという気持ちが強かったのです。

就職活動では、自分の留学経験や寮生活の話をすると、わりと内定はもらえました。当時はシステム系の仕事が好きで、自分でパソコンを組み立てたりもしていたので、システムエンジニアやプログラマーの仕事に興味がありました。

そして選んだのが、ソフトウェアの開発をする会社です。

メーカーの営業職が使う支援ツールみたいなソフトを請け負っている会社で、私はシステムエンジニアとして朝から晩までずっとパソコンに向き合っていました。

当時の経験が今となっては、（スモールカンパニーにしては当社のＤＸ化が進んでいることに）すごく役に立っています。

また、技術的な部分はもちろんですが、組織の中で社会人として働くという初めての経験もとても勉強になりました。こういう先輩や、こんな経営者になりたいと思える人々にも出会うことができました。逆に、「こういう人にはなりたくないな」という反面教師みたいな人からも学ぶことができた気がします。

基本的には人見知りで、コミュニケーションにはまったく自信がありません。でも、上司や先輩に好かれるのが上手だったと思います。同期の中でも、上司や先輩からかわいがられたほうでした。とくに他の人が「あの人は嫌だよね」と敬遠する相手でも、わりと仲良くなることが多いです。その部分については、それなりに自信があります。

エンジニアとしての生活を続けながらも、頭のどこかには父の会社のことがあります。世の中や業界を知れば知るほど、清掃業ではなく、建築物の防災設備にシフトしないといけないという気持ちが強まりました。

そうなると、現状よりも専門性が求められます。当時の父はそれほど専門的な点検ができるわけではなく、火災報知器などに触れるレベルでした。会社として防災ビジネスに本格的に舵を切るなら、私が先頭に立つしかありません。そのためには、実際に防災専門会社で勉強と実践を積む必要があると考えました。

そこで、最初の会社は2年くらいで辞めて、防災会社に転職し、2年間は経験しようと決めたのです。

▼スキルとビジョンとともに父の会社へ入社

消防設備保守点検の会社に転職した私は、2年間はガツガツと働いていました。とにかくあらゆることを毎日勉強する気合ですべてに取り組んだのです。

余談になりますが、私が好きな言葉は「仕事と思うな、人生と思え」なんです。

あのとき、もっと頑張っていれば……なんて力を出しきらなかった自分を後悔したくありません。たった一度きりの人生です。つねに完全燃焼していたいのです。

張り切りすぎてストップをかけられたこともあります。

最初のソフトウェア開発会社では、プログラム言語の資格取得に対して報奨金がもらえる制度があったのです。嬉しくて、私は手当たりしだいに資格に挑戦しました。でも、あまり熱心にやりすぎて、上司から「新人の立場なんだから、あまりやるな」と注意を受けてしまったのです。先輩社員はあまり取っていないのに、私がしゃかりきに受けていると、周囲から浮いてしまうからという意味でした。

防災の会社で働いていた時期に話を戻せば、すでに父の会社に入ってからのプランを練りはじめていました。いきなり清掃業から防災にガラッと切り替えるのは難しい。どういうふうに仕事を増やしていくかをずっと考えながら働いていました。

答えは、インターネット広告でした。

防災専門会社をインターネットなどで自分なりにリサーチしたときに、それほど会社名が出てこなかったのです。つまり、業界的にネット広告に注力していない。この方面で攻めればいけるかなという勝算はある程度できていました。

加えて、２年間で防災に関する知識や技術も身につけました。父の会社に入ってもやれるという手応えを掴んだのです。

そして２００７年４月、26歳で結婚したのと同時に父の会社に入りました。

当時は社員とパートさんで１００人くらいの規模でした。建物の清掃会社なので、大きな建物の清掃に何十人もスタッフが必要だったからです。

それに対して防災設備部門は、専従者は私を含めて１~２人です（笑）。

入社当初は清掃の現場に私も入っていました。2〜3年かけて清掃部門はベテランの社員に任せて、私は防災部門の仕事を増やしていきました。スタッフも防災専門の会社にいたときの私の後輩を連れてきて戦力アップしたのです。

▼泥臭い昭和の営業スタイルを脱却して一気に躍進

消防点検業界は私より上の世代の人が多く、かなり保守的な世界です。

そもそもインターネットどころか、自前で新規の集客をする発想が希薄で、人脈や下請の立場で仕事を続けている会社がほとんどという構造でした。

私が働いていた防災会社もそうでした。大手の管理会社の下で仕事を請け負っていたので、インターネットを使って大がかりに集客しようなどというアイデアが出る余地がありません。

実際、私がお客様の立場になって検索しても、引っかかる会社は見つけにくかったのです。こんなにリサーチしても競合他社がいないのなら勝算はあるなと感じました。

そこで『テックビルケア』に入ると、すぐに「消防設備点検を引き受けます」という営業のホームページを作成しました。学生時代からつくっていたし、ソフトウェア開発の会社でプログラミングをしていたので、お手のものでした。

ネット広告に関しては、父には事前に話していませんでした。入社後に「こういう形でお客様を取ろうと思う」という相談をしました。

ネット広告は、全面的に私が担当していました。広告に載せる文章なども含めて考え、予算も配分していました。

最初からバンバンと仕事が入ったわけではないので、ホームページにはそれなりにお金をかけていきます。その流れで、一度だけ父親から「それはちょっと……」と申請を保留されたことがありました。

お金の面です。

数十万単位でしたが、本当にこれだけの予算をかけて効果があるのかと反論されたのです。たしかに、私もちょっと躊躇する広告費でした。もし数十万円を出して反響がゼロだったら、さすがに問題になったでしょう。しかし、最終的には、「おまえがやりたいならやれ」と父から許可が出ました。

すると、徐々に電話がかかってきました。半年くらい続けていると、わりとスケジュールが埋まってくる感じでした。

清掃業の場合は、2人ほどの営業専門の社員が飛び込み営業をしていて、私も入ったばかりの頃にやった経験があります。ただ、基本的には既存のお客様からの紹介などで細々とつながっている状態でした。

インターネットで広告すると、日本全国のまったく知らないお客様からポンと依頼が入ってきます。

ビルのオーナーや、マンションの管理組合、最近では病院や老人福祉施設を持つ医療法人、また全国自治体の官公庁や国の機関である省庁など、さまざまなところから多くの依頼が来ます。

当社は直販案件が他社に比べてずば抜けて多いと思います。管理会社からの下請はゼロではないですが、かなり比率は少ないです。こういう形は業界では珍しいと思います。

最初は「会社のシステムをこうします」とソフト面を改善していきました。いきなり、「会社をこうしていきます」という私の個人的な思いは言っていません。入社後3年くらい経過して私なりに結果を出し、周りからも認められる雰囲気ができ上がってから、私は「こういう会社にしていきたい」と少しずつ発信するようになっていきました。

労働集約型から付加価値のあるビジネスへ

清掃業界は「労働集約型」のビジネスです。労働力に依存する割合が大きく、請け負う建物が大きくなればなるほど、マンパワーを必要とします。

当社が清掃から防災へと業態をシフトチェンジしたのは、当社独自の強みやサービスを提供できる「付加価値のあるビジネス」に変わりたかったからです。

私が入ったときにはビルメンテナンスという形だったので、内装、水道、清掃、防災と、何でも請け負っていました。私は「ウチは何でも屋さんにはなりたくない。何かに特化して仕事に付加価値をつけて売上と利益を上げなければ生き残っていけない」とみんなに説明をしました。

古くからのお客様を断ることはないけれど、これからは防災建築のスペシャリストとして仕事を受けていこうという方針を社内で宣言したのです。

とはいえ、2021年4月時点でも、清掃業は手がけています。よく「清掃は消滅させるのですか？」と聞かれます。すでに私の入社時点で清掃の依頼は減少傾向が顕著でした。

私は担当部門には、現実的に時代の流れがあるから、清掃に関しては新たなアクションを取って増やす方向性にはしないと明言しています。

ただ、防災に注力しつつ、古くからつき合いのあるお客様を大事にするために、清掃事業を維持しています。

防災ビジネスに関しても、労働集約型の色が強かった時期もあります。

防災はすごくニッチな業界です。じつは、手がけている業者の数は、全国にけっこう多くあります。

消防点検をメインにする防災会社や、スタッフ１人の電気屋が片手間で請け負う形もあって、規模は千差万別で大小合わせると相当数になるでしょう。

では、なぜ大阪本社と東京支社しかない当社に全国から依頼があるのかと言えば、インターネット営業の少なさと、法人化して専門的に取り組んでいる株式会社が限られているからです。防災専門会社は社名を聞けば、「ああ、あそこね」とわかるぐらい少ないです。

私が前に働いていた防災会社は、管理会社経由で仕事を受けていました。そのため、上位２～３社の主要な取引先の売上が７～８割を占めてしまいます。

一方、当社の場合は防災のクライアントがほとんどいないところからスタートしています。先述したように、その分、新規開拓した取引先と直接契約を結ぶことができました。しかも、消防設備点検などは、建物に対して半年に1回実施されています。取引をすれば、継続的に依頼が発生する確率が高いのです。

大手の管理会社の下請になると取引全体のボリュームは大きくなります。しかし、1件ごとの金額が安くなるため、より多くの依頼数をこなさなければなりません。それでは、清掃業がメインの時代と同じで、スタッフへの負担が増してしまいます。

とはいえ、最初は防災関係のクライアントは数えるほどしかいません。どうしても仕事を増やしたかった私は、安さを前面に出して営業をした時期もあります。とにかく仕事の数を増やせば、リピート率が高いのだから、少し我慢すれば軌道に乗るという読みでした。

その思いが先走ってしまい、後悔するような仕事も引き受けました。

それは、チェーン展開しているパチンコ店の消防設備点検です。直接契約なら話は違うのですが、当社は〝ひ孫請け〟ぐらいの立場でした。20店舗ものまとまった発注だったため、仕事がないよりはいいという気持ちでした。

実際に現場に入ると、想像以上のキツさだったのです。

まず移動が大変でした。20店舗が郊外ばかりで、当社のオフィスから車で2時間、あるいは3時間かかる場所がザラで、しかも点検はお店のオープン前に済ませる必要があるため、開店時間の10時より何時間も前に着かなければなりません。毎月、朝4時に起きては現場に向かっていました。

それだけの手間暇をかけているのに、現在では考えられないような安い金額で引き受けてしまったのです。

理想を現実化するのは本当に困難な道だとつくづく実感しました。ただ、今振り返ると、この経験は失敗ではなく、現在の当社の形になるためには、通るべくして通った道だと思います。

社内に関しても同様です。

私は5年前から全社員に対して、当社に対するアンケートを実施しています。その初回に「労働時間が長い割に安月給」という衝撃的な回答がありました。

その不満を私は正面から受け止めました。

当時は全体としてはまだ清掃業がメインだったので、重労働の割に賃金は安いというイメージが強かったと思います。

またネット広告で防災の依頼を受けたくて「1円でも安く」を売りにしていた時期があ

ります。ある程度は給料も上げている段階に入っていましたが、現実的には仕事の総量が増して負担が大きいのに、支払う対価に関しては社員の感覚とズレがあったのです。

正直に告白すれば、サービス残業もあったと思います。当時はかなりアバウトな管理方法だったことは事実です。

つい現場での作業が延びてしまったとしても、その分は残業代がつくわけではないという雰囲気はあったと思います。内勤も、定時を過ぎても自分の仕事をこなすまで帰らなかった場合に、1分単位で厳密にタイムカードを打たないケースもあったでしょう。労働集約型の清掃の仕事も多く、他業種の会社と比較すると労働時間が長い割には給料が安いという印象があったかもしれません。

これではいけないと危機感を抱きました。

その頃の私は、父から少しずつ実権を移譲されていました。「あれもやろう」「こう変えよう」と理想に燃えていたのです。でも、私がこれからやろうとしているいろな取り組みに、どれだけ社員のみんなが本気になってくれるかが不安になりました。奇麗事をいくら言ったところで、「この会社はしんどい仕事の割に給料は安いよね」という意識が根底にあると、真剣に取り組む気にならないと思ったのです。

そのときの妻の意見も大きかったです。

彼女から「社員の奥さんから『いい会社だよね』と喜んでもらえるのが一番大事だよね」と言われました。当社の社員はわりと近所に住んでいる人が多いため、妻から「○○君の子どもの運動会が来週の土曜日にあるよ。○○君、休みになっている？」とかチェックが入る場合もありました。

じつは、私は正直言ってそこまで気にしていませんでした。本人が休みたければ自ら申請してくると思っていたのです。でも妻は「いやいや、あなたから話を振って、ちゃんと休ませないとダメでしょう」とアドバイスしてくれました。

それからは、子どもの行事、運動会などのときには、強制というと語弊がありますが、ある意味でプレッシャーをかけるくらいの感じで休んでもらうようにしています。

同時に、他の用事の場合でも有給休暇を含めて、休みやすくなったと思います。

まず理念を語る前に、給料や労働時間といった環境から変えないといけないと思ったからです。

具体的な詳しい改革については各章で後述していきます。

▼「仕組み」と「ルール」で他社に打ち勝つ

今後、厳しくなる世の中で、どうすればスモールカンパニーが生き残っていけるのかを私は毎日考え続けています。

そもそも規模でナンバーワンを目指すのは大企業にはかないません。スモールカンパニーは、大企業のような経営資源となるヒト・モノ・カネといったリソースが潤沢ではないからです。

いずれもギリギリの状態のままで、綱渡りをくり返しながら頑張っている企業も珍しくありません。

それでも、生き残り、勝ち抜く方法はあるはずです。

私は「Q・P・S」の3要素のかけ合わせが、相対比較をしてみて競合する他社よりも上回っているなら、市場で勝ち残れると考えています。

「Q・P・S」とは、すなわち次の3つです。

❶Quality（品質）
❷Price（価格）
❸Service（サービス）

この3要素をいかにかけ合わせて、想定するお客様に対しての主観的ナンバーワンを目指すことが大切だと思うのです。

そのために必要なのは、「ルール」と「仕組み」です。

スモールカンパニーこそ、この2つが必要です。ルールというと、一般的には強い束縛やワンマン経営のようなイメージがありますが、本質は違います。しっかりとルールをつくり込み、規律を守るほうがメンバーはのびのび働けると考えています。

メディアでは真逆の会社がよく取り上げられます。

例えば、「ウチの会社はルールがほぼなく、全部自由で、社員に任せています」というようなIT企業を目にしたことがある人も多いでしょう。実際にその企業で働く人は幸せそうで、業績も順調だと思いますが、すべての業種や会社規模に当てはまるとは私は考えていません。ましてやスモールカンパニーに適用するのは反対です。「ノールール＝ノーストレス」になるケースは稀だと思います。明確なルールがないと、いつのまにか〝暗黙のルール〟に縛られて、上司や社長の顔色を伺いながらビクビクと仕事することになるでしょう。そんな職場のほうが、よっぽどストレスになると思います。

ルールを守るには、そのための仕組みが必要です。

さらに、スモールカンパニーに重要な「人材戦略」も仕組み化しなければなりません。社内に採用してから教育するのでは遅いのです。人材に関しては、入社の時点でほぼ勝負が決まっていると考えています。

そこで、採用時に、こういう人が欲しいというアピールに終始せず、自社が大事にしている仕事や社風を語り、それに共感してくれる人をしっかり採用につなげていく〝仕組み〟を構築することに取り組んできました。

また、入社後の教育にも工夫が必要です。

経営資源が限られているスモールカンパニーでは、大企業のように社員の研修制度や教育制度を充実させるのは現実的ではありません。そういった人材教育も大切ですが、それに加えて、当社では社長と社員の距離が近くなる〝仕組み化〟を心がけています。

いずれも各章で詳しく後述します。

私が『テックビルケア』に入社して10年を超えました。

まずは数字として実績を上げないといけないと思いました。最初の2～3年はその思いが強かったです。会社の数字が安定してくると、自分の気持ちにも余裕が出てきます。もっと良い会社にしたいという思いに変わってきます。一緒に働くみんなに対して、経済的な幸せだけではなく、「この会社に入って良かった」という心の幸せも満たせるような会社にしていきたいと、5年ほど前からは思うようになりました。

同時にその頃から、父の年齢もあって、引き継ぎの準備を始めました。ですから、社内のいろいろなことを決めるのもだんだんと任されていきました。

そのため、いざ社長に就任しても、やることが劇的に変わったりはしませんでした。

でも、気持ちの面では大きく変わりました。文字通り、社長として自分が全責任を負わなければいけない立場になり、良い会社にしたい意識がさらに強くなりました。

生意気かもしれませんが、私は経営者に能力や才能なんて必要ないと思っています。そもそも人間の能力の差なんて、そんなに違わないはずです。

1つ必要なことがあるとすれば、「継続する力」ではないでしょうか。

次章からは、私が会社を変え、継続している取り組みを具体的に紹介していきます。

防災コラム 2

建築防災に深く関連する〝建築基準法第12条〟

防災に関するビジネスの業界全体は伸びている傾向にあります。

近年の激甚災害に対する防災意識が官民ともに高まったからです。また『東京オリンピック2020』の開催に向けて法令が厳しくなったのも一因です。

実際、消防法や建築基準法が改正されていたり、運用が厳しめになっています。当社の場合も、法令に基づく点検・検査という仕事が多く、全国から問い合わせや新規の依頼が増えていて、身が引き締まります。

皆さんは、「建築基準法第12条」を耳にしたことがありますか？

この法律に基づいて、民間の建物には定期点検が適用されています。ホテルやビルなどを所有する不動産オーナーの方なら「建築基準法第12条に基づく定期報告書の提出について」という郵便物を受け取ったことがあるかもしれません。

この郵便は、病院やホテル、老人ホーム、事務所用ビル、商業施設などの大勢の人々が利用する施設の運営管理担当者の方に対して、自治体から発送されるものです。

もし、この郵便を受け取ったなら、すぐに対応する必要があります。放置していれば、次は「可及的速やかに報告を実施せよ」と書かれた督促状が届く場合もあるでしょう。それでも無視してしまうと、営業停止や罰金が科せられるケースもあります。

当社は官公庁の建物からの依頼も多いのですが、こちらの場合は「官公庁施設の建築等に関する法律」によって一定のガイドラインに沿った建築物点検の実施が必要になります。

官民どちらの場合も、建築防災の観点から、防火戸や防火シャッター、換気設備や機械排煙、非常照明といった設備が万全に動くのかをチェックしています。

いずれにせよ、いつ訪れるかわからないのが地震や台風、火災などの災害です。万が一の非常時に頼りにするさまざまな設備に不具合や誤作動があれば一大事になります。正常に機能するためのメンテナンスを欠かさない意識が必要です。

多くの人々が利用する建物は、安全に責任を持たなければなりません。

第2章

社長が学ばなくなったときから会社の未来はなくなる

▼ 社長が「裸の王様」にならないための仕組みづくり

当社では、お客様のことはもちろん、会社や上司、同僚への悪口や不平不満、愚痴を言うのは厳禁です。

誤解しないでください。社員は「社長に黙って従え」という意味ではありません。愚痴や文句は、社長である私に「直接言うこと」がルールなのです。会社や私に対して不満があるなら、ダイレクトにぶつけてもらえば、私も受け入れたり、改善したり、ときには謝罪したりすることができます。

さらにつけ加えると、不平不満や悪口といった〝マイナス〟のパワーは、とても伝染力が強く、会社の雰囲気を著しく悪くします。それがたとえ正論だとしても、マイナスワードを公言するのは百害あって一利なしだと考えています。

そして、このルールは私自身の成長のためにも必要です。

私はこの会社に入る前、2つの企業で働いていました。同僚や先輩と雑談している場面で、上司や社長への悪口は自然な話題だったのです。でも、『テックビルケア』における私は最初から2代目であり、社長の息子であると周囲が知っています。ましてや、実際に社長の立場になれば、基本的には生の不平不満には接しにくくなります。耳障りのいい言葉ばかりを聞かされてしまえば、私から「学び」の機会が奪われてしまうでしょう。

私は「裸の王様」になりたくない思いが強いのです。

だから、文句や不満にも耳を傾けるし、部下が意見を出してくれれば、絶対に一刀両断に否定しません。まずは「おもしろいね、それ」「いいじゃん」「なるほどね！」と肯定的な反応を示します。その一言で部下は救われるし、最終的に却下しても、社長に直接提案する意志は削がれないからです。そんなやりとりが頻繁に行われるようになれば、社内の風通しが良くなるし、建設的なアイデアをピックアップできるでしょう。

当社が定期的な社員へのアンケートを実施したり、社長との「コツコツ面談」（後述）を行う理由は、それが目的なのです。

ただマネジメント論の本を読むと、社員へのアンケートについては、賛否両論がありま す。取るのであれば、必ずフィードバックしないとかえってモチベーションが下がるので、あまりやるべきではないという意見も目にしました。いくら不満や本音を書いても、会社の改善に反映されないと思われたら逆効果だという考えには賛成します。

だから、私は良い回答だけでなく、悪い回答も全部オープンにして、その対応策まで含めて公開しています。そうしなければフェアではないと思います。

前章では「労働時間が長い割に安月給」という不満と対応策について書きました。ほかに、どんな指摘を受けたのかを紹介しましょう。

私は思い立ったらすぐに着手する性格です。社内のルールに関しても、良かれと思って、次々につくっていました。ただ、そういった私の動きに対して、「目的を説明されずに勝手にルールが変わっていく」とアンケートで指摘されたのです。

ハッと気づかされました。

いろいろ考えたプロセスや理由を説明せずに「この新しいルールに従ってください」という地点からスタートしてしまうと受け入れ難いのです。言われた側の回答には、「何のためにやるのかという目的や意味がわからない」とありました。

腹落ちする前に行動だけを要求されると言われて、もっともだなと反省したのです。

一例を挙げれば、社内のレイアウトや、社員の席替えがそうでした。

現在はフリーアドレス（各人の固有の席ではなく、自由に席を選べる制度）ですが、その前は定期的にオフィスのレイアウトを変更したり、席替えをしていました。もちろん、私としては目的があってやったことでしたが、「来月、席替えします」とか「レイアウトをこういう形にします」とだけ言われて、社内には戸惑いがあったそうです。

現状で最適化されているはずなのに、変更されたら効率が悪くなるというようなイメージが生まれていました。私の中ではメリットとデメリットがあるけれど、こういう目的があるから変更しようといろいろ考えた上でのことでしたが、その説明が抜けてしまって不安にさせたのでしょう。

無記名で本音を書いてほしいと頼めば、厳しい本音が返ってくるので、私はそれらの意見を大事にしていきたいと思っています。

毎月、私は本社に勤務している20名弱の全社員と面談をしていますが、社長と社員という関係の中ではなかなか言いづらいことは必ずあります。不満を直接言えばいいというルールがあっても、社長に面と向かって本音を言える人ばかりではないので、アンケートも続けていきます。

私を「裸の王様」にしないための仕組みは、いくらあってもいいのです。

他にも、外部のコンサルタントの方に、社員への個人面談を年に1回お願いして実施しています。コンサルタントは社外の立場であり、プロのスキルもあるので、社員の会社への思いや、社内で気になっている不安をうまく引き出してくれます。出された意見をまとめ、個人名は伏せて「こういう意見が出ています」と私にフィードバックしてくれるので、私は毎回勉強になっています。

そうしていても、「社員にはこうしてあげているんだ」と思ってしまうことがあります。それに気づいたときは、我が身の浅はかさを痛感し、まだまだ修行が足りないと心から反省します。

運や時代の流れによって、自分の実力以上にうまくいくケースは往々にしてあります。でも、勉強を怠っていたり、謙虚な気持ちを失えば、その成功を長く継続することは決してできません。

▼自分が「実績」で示すしかないと決意する

私のような2代目の社長は、入社した直後から、どうしても人事制度を変えようとか、社員教育を徹底的にやろうなどと会社のシステムに手をつけたくなります。かくいう私自身もそう考えていました。

でも、それは悪手です。２代目社長という立場だけで社内を改革しようとしても、肝心の社員がついてきてくれません。

まずは実績を示し、信頼関係を築くのがベストなのです。もっと言えば、２代目はまず実績を出して、周りから〝一目置かれる〟存在になることが大事です。一見、遠回りに感じるのですが、着実に会社が一体となって改革に向けて進む方法です。

実際に、私自身は経験で実証済みです。

『テックビルケア』に入社時点での私を、周りの社員は「息子が入ってきたのだから、彼が次期社長だな」という目で見ています。でも、私が所属していた防災部門は、清掃部門に比べて最初はほとんど仕事がありません。ずっと事務所でＰＣに向かう私に対して、周りの社員は「何をしているのだろう？」と疑問に思っていたはずです。

彼らからすれば、仕事が少ないなら外を回るのが真っ当な営業活動という感覚だったのでしょう。でも私はインターネットによる集客で絶対に仕事を増やせる自信があったので、その勉強をしていたり、リサーチをして社内でデスクワークをしていました。手づくりのホームページも立ち上げています。

清掃の現場から先輩社員が戻ってきたときに訝しげな視線を送られていたような気はし

ます。かといって、厳しく当たられた経験はありませんでした。どちらかと言えば、遠巻きに様子を伺われていた感じです。

当時の私は、いずれわかってもらえると思っていました。自分よりベテラン社員、会社に前からいる人たちに対して自分の立ち位置を確立するためには、先輩社員には出せない「結果（業績・成果）」を自ら仕事でつくり上げればいい。周りから認められる成果をやり遂げることが信頼関係の構築に一番効果的なのです。

つまりは、会社の業績を上げるしかありません。

ただインターネット広告の効果には確信がありましたが、それがどこまで軌道に乗ってどれぐらい伸びるかの数値に関しては未知数でした。実績は必ず上がることは間違いないけれど、数十万円の発注が増えるレベルでは意味がありません。会社の実績であれば、数百万、数千万単位の数字を弾き出す必要があります。

実際には、半年が過ぎたあたりから手応えを感じはじめました。

他社の追随がなかったことも追い風になりました。とくに関西圏では、インターネット広告におけるシェアは当社がほぼ独占状態だったと思います。当時、お客様から「ネット広告で『テックビルケア』を見つけて、相見積もりを取ろうと思ったのに、いくら調べても他の会社のサイトが出てこなかった」と言われたのを覚えています。

結果が出れば、会社の業績が良くなっていきます。

そうなって初めて会社に余裕が生まれ、組織改革や待遇改善などに着手できるようになるのです。心とお金の両方に余裕が出てくることで、周りの人たちも会社が変わっていく実感を得られるのです。

この順番を間違って、組織改革を先行させようと焦っていたら、社内の反発を買うだけで、失敗に終わっていたでしょう。

▼私が入ってから辞めなかった社員は2名だけ

現在、私が入社当時から在籍してくれているのは２人だけです。

他の人々は、私が入社してから退社していきました。その理由は私に体制が代替わりした不満というより、会社に合わなくなったという感じかもしれません。10年前に比べれば、新しい制度に変わったり、若い世代の社員の比率も増えています。

今はそれほどでもないのですが、最初の頃の私は、社員の入退社に対して一喜一憂していました。退職する人が出てくると、「え、なんで⁉」とショックを受けていたのです。

私が期待して採用した人でも、入社してほどなく辞めてしまったりして、悶々としていた時期があります。この会社のどこが問題なのかと考えたり、採るべき人を間違えていたのかなと悩んだり……。

ただ、そういう経験を重ねていくうちに、だんだんとあまり離職率にこだわる必要はないなと意識が変わってきました。もちろん離職率ゼロになるのが好ましいですが、自分が求めている人物像を明確にして、会社を良くして、その部分に共感する人が入ってくれればそれでいいのかもしれないと思うのです。

私は「裸の王様」にならない心がけをしているし、ワンマンに振る舞いたいとは思っていません。しかし、つねに社員の顔色を伺うような経営をするつもりも毛頭ないのです。今まで一度として社員の機嫌を取るような決定をした記憶はありません。

スモールカンパニーで失敗した場合、「責任を取る」というのは、現実的には「金銭的責任を負うこと」でしょう。だから、社長にしか責任は取れません。

その意味では、合議制で会社の重要な方針を決めるつもりはないのです。

そもそも全員が大賛成という状況は基本的には考えにくい。今振り返ってみると、反対が多い決定のほうが、実行した場合のインパクトが強く、うまくいったときには結果がボーンと出てきました。だから、重大な件に関しては、みんなの意見は参考にするという程度で、合議制ではなく、私が責任をもって決めています。

極論すれば、社員はどうしても現状維持のほうを選びがちです。

大きなフレームワークを変えずに小さな改善を積み重ねるレベルでは、どうしても現状維持か、微々たる伸びしか得られません。

しっかりと成長ステージに乗せようと思うなら、改善ではなく改革していかないとなかなか難しいのです。当然リスクを伴うため、社員にそれを背負わせるわけにはいきません。スモールカンパニーでリスクを取れるのは社長1人だけなので、自分で決めたことは、ある程度の犠牲には躊躇せずに進めていく決断力が求められます。

今でも退職する人がいれば心は痛みます。でも、最初の2〜3年目の頃の受け止め方とは変わりました。会社の売上や規模によるステージに合わせて、社内の考え方が変化していく中で、波長が合わなくなる人も出てきます。場合によっては袂を分かつことも、十分にありえると考えるようになってきました。

優良な会社は退職率が低いというのは事実だと思います。

しかし、必ずしもゼロが理想かと言えば、一概には言えないでしょう。当社のようなスモールカンパニーは企業の成長過程に合わせて、方向性が劇的に変化します。

辞めていく人が、当社のどこに不満を感じていたのかを調べて改善するよりも、なるべく入社の時点で理念や考え方を説明して、「将来の変化までを含めた当社の方針」を認識してもらう形で考えています。

極論すれば、周りの人間が5年も10年も同じなのは、自分の仕事が何年間もアップデートされていないのかもしれません。逆に言うなら、周りの顔ぶれに変化があることは、自分がアップデートされ続けている証と捉えることもできるのではないでしょうか。

▼「労働時間が長い割に安月給」という率直な意見

ネット広告で会社の業績を伸ばしたから、社内改革にみんなが従うかと言えば、そんなに単純ではありません。

くり返しになりますが、当社では毎年、決算期の3月になると、全社員に対して無記名のアンケートを実施しています。

私が実権を任されてからなので、もう5〜6年続けています。

匿名なので本音を書いてくれると思っています。私は「裸の王様」にならないために、毎年同じ質問で変化を見てみようという意図で始めました。

質問項目は、「今の会社に満足していますか？」や「今の仲間と一緒にこれからも働きたいですか？」などで、回答は「非常に満足」「満足」「普通」「不満」「非常に不満」の5段階の評価で○をつけてもらっています。ほかに会社に対して言いたいことがあれば記述してもらいます。

初年度の回答の中に「労働時間が長い割に安月給」という率直な意見があったことは先述しました。正直に言って、全体的に「普通」より「不満」のほうが多い結果でした。

その結果に対して、私の気持ちの半分は「やっぱり」という感じだったのです。覚悟はしていたとはいえ、大きなショックを受けました。

とにかく長時間労働や安月給という不満を解消しなければ、今の会社の組織や人事や方向性はどうなのかと話してみても、建設的な改善提案は出てこないし、考える気が起こらないと思いました。まずは労働環境を整えることが、私が会社を動かすスタートです。

この「労働時間が長い割に安月給」という意見や、不満のほうが多い傾向も含めて、アンケート結果はみんなにフィードバックしています。

良くない結果であろうと基本的に公開する方針です。

自分にとって都合の悪い回答、会社にとって都合の悪い意見を隠し、臭いものにフタをする行為では、社員の信頼感を損ない、次回からは本音で答えてもらえません。それはやってはいけないということを事前に自分の中で決めた上で実行しました。

実際、これから何に取り組めばいいかという最良の判断材料になりました。以来、ずっと続けています。

現在の当社では、男性社員が育児休暇を取得することを私が公言して推奨しています。

でも、数年前までは、あまりそういう雰囲気でもなかった気がします。それどころか有給休暇さえも取りづらい空気がありました。かくいう私もそうでした。有給休暇というのは風邪を引くなど体調が悪く、欠勤する場合などのために残しておくものと私自身も考えていたのは事実です。

だから、私も変わり、会社も変えました。

つねづね「社員を大切にします」と言っているのに、有給休暇さえも取りにくい社風ではいけません。会社の制度として、社風として、家族の行事などで積極的に有給休暇を消化してほしいと示していきました。

今では、家族会で社員の奥さんから「主人は『テックビルケア』に入ってからすごく表情が明るくなって、毎日楽しそうです」と言われることもあり、社風を変えて良かったと素直に嬉しくなります。

毎年のアンケートも、ゆくゆくはみんなが「満足」と回答してくれるまで続けたいと思っています。

健康管理でもトレーニングを習慣化する

社長たるもの、毎日元気で明るい姿を見せなければならないと私は考えています。

会社の経営を預かるからには自分だけの体ではありません。

忙しい時期には、つい睡眠時間を削ったりすることもありますが、若いうちは良くても、年齢を経るに従い、無理が効かなくなってきます。

そのために重要なのは、健康管理です。

いろいろ勉強していく中で、何かを成し遂げた人は、物事を習慣化しているという結論に行き着きました。私も自分でやろうと決めたことは、絶対に習慣化して生活に組み込んでいます。健康管理もそのひとつで習慣化する形で続けています。

体を動かすことで、頭のいい気分転換にもなっています。

運良く、トレーニングを始めたいなと思った頃に、自宅の近くにスポーツジムがオープンしたのです。『会員募集中』の告知を見たときに「これは通えと言われているな」と感じ、すぐに入会しました。

週に1〜2回のペースで通って、マシントレーニングを中心に小1時間は体を鍛えています。体脂肪率を1桁にするという目標も設定しました。

食生活も試行錯誤しています。通いはじめのときは、何も気にせずに食べて、大好きなコーラもよく飲んでいました。すると筋肉がつきすぎて〝プロレスラー体型〟になってしまったのです。社員からも「ゴツくなりましたね」と指摘されました。いい意味で言ってくれたのだと思いますが、体がふくらんだ感じになって、これではだめだなと思ってタンパク質中心の食事に変えました。

一番ストイックな時期のランチは、サラダと鶏のササミだけです。飲み物もゼロカロリーの炭酸水に変えました。

そんな食生活を3ヵ月くらい続けたら、体がどんどん締まってきました。体脂肪率の目標数値もクリアです。

現在はそこまでストイックな食生活はしていませんが、トレーニングの習慣は続けています。体脂肪率も10％をキープする意識でいます。

▼緊急事態宣言中にツイッターを始めてみる

現在、私は「ちゃーさん（@gogo_chabashi）」でツイッターをやっています。始めたのは、２０２０年5月の緊急事態宣言中の時期だったと思います。

動機としては、２つの目的を叶えたかったのです。

つねづね私は、自分の意見を形にしてアウトプットしたいと考えていました。意見を通して、同じような環境にいるスモールカンパニーの経営者とつながることができたらいいなと思ったのです。そのツールとしてツイッターをやってみようと思い立ちました。

もうひとつの目的は、自分の意見をアウトプットするトレーニングです。

ツイッターは「１４０字以内」という文字の制限があります。

私は、新聞記事のように長い文章を書くよりも、短い文章でコンパクトに表現できるアウトプットを好みます。その意味では、140文字という限られた文字数の中で自分の考えを表現できるツイッターは、アウトプットの発表の場として非常にいいと感じました。短い文字数で自分の考えをまとめる訓練にもちょうどいいツールだと思ったのです。

緊急事態宣言中だったため、当社の仕事も〝休業中〟のような状態になり、私も家にいる時間が増えたのです。何か新しいことをしようかなと考えて、ひらめいたのがツイッターを始めることでした。今からスタートするのは遅いかなとも思ったのですが、自分のトレーニングと捉えれば、早い遅いは関係ないと考えました。

タイトルは『2代目経営者　仕組み　感謝化　スモールカンパニーの成功法則』ということで、ほとんどが仕事に関連したつぶやきです。そこは一貫していないと、読んでくれる人が面白くないかなと思っています。

すでに同じような境遇の人たちとつながりはじめていて、自分が出した意見に同意するという意見をもらえたりすると、純粋に嬉しいです。また自分自身の勉強になったり、「ああ、そうなんだ」という気づきを与えてもらってもいます。

毎月の第1月曜日には先祖の墓参りを欠かさない

くどいようですが、私は「裸の王様」になるのを恐れています。

社長という立場になれば、周囲の人がなかなか本音を言ってくれないのは仕方がありません。アンケートを取るのも1年に1回なので、もう少し定期的に自分自身を振り返るような場所や時間を設けないと、自分を見失うかもしれないと思いました。

経営者という立場は、少し業績が上向いただけで、自分が偉くなったと勘違いしてしまいます。自分の実力のおかげだと高慢になってしまいます。しかも、それを誰も諫めてくれません。知らず知らずのうちに、自分が慢心してしまうのが、一番怖かったのです。

自分を律するためにも、取り組んだことに対して毎月定期的に振り返る時間が欲しいと思いました。

そんな時期に、日本電産の創業者である永守重信さんの本で、毎月どこかの神社に参拝しているという話を読んだのです。

それは自分を振り返るためだと書かれていたので、私もそういう神聖な場所に行けば同じように自分自身を振り返る時間をつくれると考えました。

そこで、私は毎月第1月曜日には先祖のお墓参りに行くようにしています。

これは私が社長になった年から続けています。墓地は自宅から車で40分ほどの山をのぼった場所にあります。

別に第1月曜日にこだわりや、深い意味があるわけではありません。毎月同じ日に行くと確定しておかなければ続かないと思ったので決めたのです。「毎月1回」というようなアバウトな決め方をしていると、用事を優先して行けない月が出てくると思いました。だから、第1月曜日には仕事や予定を入れません。

これはずっと続けていこうと決めた習慣です。なので、どんな悪天候でも関係ありません。雨でも雪でも行きます。

墓参りの時間は本当に短いですが、自分自身を振り返る時間が持てることに意味があると思います。1人で前月の1ヵ月を振り返ってみて、あのときの対応はあれで良かったのかなとか、今月はどうしようかななどと考えを巡らせています。日常生活や職場でいろいろな用事に追われている中で、先祖のお墓の前でだけは落ち着いた時間を過ごしています。

▼手書きの日記に毎日「感謝の言葉」を記す

私が毎日書いている日記には、次の5つの項目があります。

1. Dream（目標）
2. Want（やりたいこと）
3. Incident（出来事）
4. Happy（感謝）
5. Learn（学び）

これら1から5までの要素について、必ず自分の手で毎日書く習慣を身につけています。

カレンダーがついている手帳を使用しているので、1年間に1冊ずつ書き終えていきます。

現在4冊目になりました。

日記は自分を俯瞰するためのツールでもあるのです。

まず朝起きたら、1と2の2つを書き込みます。つまり、自分の「目標」と「やりたいこと」です。大体、1~2分間で書きます。Ｄｒｅａｍというのは夢というより、目標に近いイメージです。私の場合は主に会社の目標を書いています。例えば、会社の今期の目標だったり、今期はこういう方向で経営したいという目標が決まっているため、1は毎日同じことを書きます。1日の始まりに、あらためて自分の目標を確認している感じです。

2はどちらかというと個人的な、自分は今これをやりたいなと思っていることを書くことが多いです。それも毎日変化するわけではないので、書くのは同じような内容になります。でも、その瞬間に、ふと頭に浮かんだやりたいことを書いてみることもあります。もし翌日以降も頭に残るようであれば、毎日書き続けます。途中で「これは、今はやらなくてもいいかな」となれば違う内容に変わります。

大事なことは、「自分が今やりたいこと」を文字にして認識することです。

3から5までは、夜寝る前に書きます。

3は、その日起こった出来事、良かったことや嬉しかったこと、いろいろな反省点を書きます。ダラダラ長くなることはなく、短くまとめます。

それから４の感謝の言葉を綴ります。

その日１日の中で感謝の念が湧いてきたことです。

社員に向けて「挨拶してくれてありがとう」など、日常の中で生まれる何気ないことを書くことが多いです。それほど特別なエピソードではありません。でも、何も感謝が生まれなかった日はないはずなので、他人から見れば他愛ないことでも真剣に感謝のコメントを書きます。

1月5日のHappy
みんなが朝出勤したとき、退社するときに全員がきちんと挨拶してくれる。
本当に嬉しいこと、ありがとう。

いつもこのようにまとめます。誰かをピックアップして、その人に感謝のコメントを残す形にしています。家族に宛てたり、社員やお客様に対して感謝の言葉を記します。

常日頃から私は感謝の気持ちを大事にしているからです。

社員の日報にも「今週の感謝」のコーナーを設けていて、１週間に１回は、同僚でも家

族でも誰に対してでも構わないので感謝の気持ちを言葉に表そうというルールをつくっています。私自身は日報を書いていないため、日記の中に毎日、社員や家族、そしてお客様への感謝の気持ちを書く習慣にしています。

それから5つ目に、何か学びがあったらそれについて書きます。

例えば、私はよく本を読むので、その中で印象に残った言葉があれば書き写します。あとは、いろいろなメディアで情報を見て、自分の心に残った記事や、この情報からは学べると思った事柄を記すことが多いです。

もう4年以上、続けているのですが、その中でやり方は少しずつ変えています。以前はこのように5つの項目に分けていませんでしたが、現在はこういう形で毎日綴っています。

すべての項目を夜に書いていた時期もありますが、寝るのが遅くなってしまうのが問題でした。今は朝夜と1日2回に分けて書いています。

5つの項目を全部書いても1ページに収まります。執筆時間も10分もかけていません。朝と夜を足しても全部で5分以内で終わるでしょう。あまりに大変な作業になれば、何年も続けられないと思います。

また、始めた当初から、前向きのことしか書かないようにしています。

そして、一貫してこだわっているのは、〝手書き〟であることです。

パソコンにキーボードで打ち込むのではなく、自分の手で日記を書く行為に意味があるのではないかと思っています。

自分の手を動かすことで、目標や感謝などを体で覚える気がします。毎日、脳へ直接刷り込みをしているのです。

正直、読み返す頻度はそれほど高くありません。たまに「あのときは何をしていたかな」みたいな感じでペラペラとめくったりする程度です。何かいいアイデアがないかと日記から引き出すというより、ちょっと悩んでいる時期に振り返る場合が多いです。

このようにして、目標を毎日、オフィスに出社する前に自分の目と手と脳で意識しています。つねに意識するという意味ではすごく有効だなと思います。

もちろん、魔法の日記ではないので、書いたことがすべて現実になってきたわけではありません。それでも、私の肌感覚としては、日記に書いた目標は不思議とそちらの方向に進むし、今まで「ちょっと難しいかな」と思ったことでも実現してしまったという経験があるのです。だからこそ、ブログなどと違って、誰かに見せるわけでもない、自分のためだけの日記ですが、もう何年も続けられています。

▼朝刊の気になる記事を140字でまとめる

私は毎朝、必ず朝刊に目を通しています。

ネットのニュースサイトも見ますが、情報源をネットニュースだけに限定すると、自分の関心事にばかり目が行って、それ以外の情報に疎くなりがちです。もっと幅広く、世の中の関心事を意識するためには、毎朝の新聞読みは欠かせません。

スモールカンパニーといえども、世の中の流れについていかなければならないので、政治や経済、国際情勢も含めて最新ニュースを自分で取り入れる必要があります。

しかし、膨大な情報量が渦巻く現代社会では、情報のインプットだけをくり返していてもキリがありません。大事なことは、インプットした情報を自分の知識に変えることです。そして、自分はどう思うかをアウトプットできるように訓練することです。つまり、自分のアウトプットのためのインプットが重要なのです。

そこで、私は毎朝、朝刊で気になった記事を１４０字でまとめるというアウトプットのトレーニングをしています。

サンプルを挙げてみます。これでちょうど１４０字です。


中国の「千人計画」をめぐっては、数十人規模の日本人研究者が中国に近い大学に所属していることが判明し、日本の高度な技術が海外へ流出していく事態が懸念されている。研究内容の透明性を高めるために、科研費を申請する際には海外から研究資金の提供を受けていないか、申請を義務づけるようにした。

本来は頭の中でまとめるだけですが、今回は具体的にお伝えするために文字化してみました。こうすると文章をまとめる力が鍛えられると思います。目的は、単に記事を読んで終わりにしないことです。アウトプットするために要約する作業が大事なのです。その考えもあって140字で意見を載せられるツイッターを始めました。ただ、この朝刊記事の要約は、脳内で行う訓練なので、ツイッターには投稿しません。

もちろん、新聞をただ読んでいても、インプットはできますが、それを読んで自分はどう思うかという思考があれば、インプットの質も高まる気がします。別に評論家になるつもりはないのですが、自分の言葉で何かを伝える際に、ただの情報の受け売りになるのは避けたいと思っています。

会社で社員に自分の思いを伝える上では、情報を自分の知識に変え、自分の言葉で説明できる能力がなければ相手の心に届きません。

知識を増やすための最短距離は、優秀な先生に教わるのではなく、自分が先生になって他の人に教えてあげることだと実感しています。

結局、教える人自身が一番勉強になるんだと思っているのです。

経費はそこまで厳しく節約しなくてもいい

私は、スモールカンパニーの社長は「節約」ではなく「倹約」するべきだと考えます。とにかく、何が何でも無駄なく使えという節約魂は、社員がのびのび仕事をすることを阻害すると思っています。

じつは、当社も昔は、コピー用紙として裏紙を使っていました。照明に関しても、使わないときにはこまめに消し、鉛筆やボールペンなどの会社の備品も、本当に書けなくなるまで徹底的に使いなさいと指導されていました。

私はもう少し緩やかでいいという主義です。

そこまで気になるなら社長自身が実践していればいいことであって、同じように社員にまで強制する必要はないと思います。当然、地球の資源ということを考えれば何でも無駄のないように使ったほうがいいわけですが……。

あまり日常の細かい部分まで管理しようとすると、社員の働き方を縛ることになって逆効果だと思うので、私が社長になってからは一切言いません。

だからと言って、経費に対してチェックを甘くするという意味ではありません。会社の中でのこういうお金の使い方は無駄ではないかとか、そういう振り返りはキチンとやっていく必要があります。むやみに「節約、節約」と締め上げるという考えは私の中にはないという話です。

ただし、私個人は公私のお金の使い方について、自分を厳しく律しています。スモールカンパニーは、とくに「会社＝自分」という考えが大きく出て、公私混同してしまいがちになります。高度経済成長期のように、社員全員の給与が黙っていても右肩上がりの時代は、社長のそういう行動は許されていたでしょうが、今は違います。

個人利用の少額の通信費（切手代）、出張先ホテルで部屋づけにした飲食代などでも、個人利用であれば自分の財布から出すようにしています。ただ、個人利用だからと言って、会社の切手を1枚もらって現金数十円を総務に回すと、処理が面倒なので担当者はあまり良い顔はしません（笑）。でも、それくらいお金にけじめを持っていることを示す姿勢が大事だと思っています。

社員と飲みに行った食事代も、表向きは社長のおごりと見せかけておいて、こっそりレジで領収書をもらっている姿を社員が見たら、何かがっかりしますよね。私は社内でのお金の使い方・出し方には気をつけています。スモールカンパニーといえども社長ですから、セコいことはしないことです。

社長の振る舞いを社員はよく見ています。社長だけがおいしい思いをして、モチベーションが下がらない社員はいないはずです。

私が会社の経費で落とすかどうかの判断に迷ったときの基準は、とてもシンプルです。それは、社員が同じことをして許せるか否かということです。社員がやって許せるのなら、私自身も経費にして構わないという考えです。

率先垂範ではないですけど、自らが倹約している姿勢を見せることが、会社全体の不要な支出への厳しさにつながると思っています。

▼社長として一番大事にすべきは「自己肯定感」

人は何らかの変化がない限りは成長ができません。

変化とは、今までと違うことや、今まで以上のことだと私は考えます。

だから、まずは変化を起こす。今のやり方を続けている限り、ずっと現状維持が続いてしまうので、昨日までの自分より成長したいのであれば、そこは変化に取り組まなければなりません。

今やっているレベル以上のことにチャレンジする。もしくは、やり方を変える。

その2つしかないと思っています。

「裸の王様」にならないための自分の習慣も、そういう考え方から来ています。

その意味では、社員への投資（教育）にもお金と時間をかけるのですが、社内で一番大事な人材は社長自身なので、自分への投資（教育）も怠りません。

社内で一番仕事ができるから社長であるという認識が大事だと思います。これは「裸の王様」であることとは違います。

もし自分と同じレベルを社員に求めた場合に、そのレベルを難なく実現できてしまうのなら、私が社長でいる必要はないからです。少なくとも、それぐらいの気持ちで、私は経営に臨んでいます。

5年前は、社員教育にもっと力を入れたいと思っていたのですが、現在は少し考えが変わり、社長そのものの教育にお金をかけるべきだと思っています。

結局、会社の中でうまくいかないことがあった場合に、社員のせいにしてもどうにもなりません。会社のすべてのことに対して、最終的に責任を取るのは私自身です。会社の命運を握っているのは社長だと考えれば、最も勉強する必要があるのは社長自身だという意味です。

具体的には、社長の勉強や、社外の声を聞く場への参加にお金や時間をかけていくのが大事かなと思います。

一般的な成功法則や事例について、私の中には相当量が蓄積しています。

しかし、スモールカンパニーの場合は、そのすべての考え方がうまく当てはまるとは限らないのです。例えば、大企業の場合の人材や組織に関するノウハウは、当社にはマッチしない場合が多いです。理論的には理解できても、現場はそうならないケースもあるし、システマティックに人事評価をするやり方は、大企業のように人数が多い組織に対して適しているのです。スモールカンパニーの少人数の社員をシステマティックに評価すると弊害が生まれると思っています。

その辺は幅広く勉強をしながら、今の当社に合うか合わないかをその都度、取捨選択していくようにしています。

私は社長として「自己肯定感」を大事にしています。

どんなに勉強しても、実績を積み上げても、つねに前向きな気持ちがなければ、なかなかうまくいかないのです。

それを一言で表すと、「自己肯定感だな」と感じます。

仕事において、「調子に乗る」ことは大事だと思います。

でも、やってはいけないのは、「いい気になること」です。

なので、私は自己肯定感をもって、調子には乗るけど、謙虚さは忘れません。

防災コラム3

宿泊場所の消防設備や避難経路が気になる〝職業病〟

当社では北は北海道、南は沖縄県まで全国から依頼を受けています。仕事の内容は建物の調査や検査です。専門的に言うならば、定期報告（特定建築物定期調査・防火設備検査・建築設備検査・建築設備定期検査）になります。建築基準法という法律に従って、資格者が建物を定期的に検査・調査をし、その結果を行政に届け出る必要があります。作業に関しては、建物の大きさや用途によっても違い、さらに各自治体の細則でも検査内容などが異なるため、全国対応は大変です。

最初は、出張は一括して私が行っていました。でも、社長自身がいつまでもプレイヤーでいれば、社員の成長が促せないのではないかと考え、ある程度はメンバーに対して引き継ぎをしています。現在、会社のステージの上昇につれて、知識や経験が蓄積された若い社員が育ちつつあるので、頼もしい限りです。

必要な場面があれば、今でも私は出張していますが、観光地の場合は、ホテルなどの宿泊施設からの依頼が多くなります。

そのため、私には一種の〝職業病〟があるのです。

自分が宿泊するホテルは、別に点検を依頼されていなくても、フロントの「適マーク」の掲示や、消防設備、避難経路などを確認してしまう習慣です。

とくに避難経路は念入りにチェックしてしまいます。

消防法に基づく法令点検の中に次のことが明記されているからです。

「防火対象物点検で不特定の人が出入りする建物で、構造上避難困難が想定される建物に行われるもの」

正直に言えば「危ないな」と思う施設もあります。新しい施設であれば、しっかり管理をされていますが、少し古めのホテルなどの場合、避難経路が確保されていない施設を見たこともあります。避難経路を塞ぐように物が置かれていたり、明らかに消防設備が老朽化していたりと、とくに自分がその建物で一晩過ごす場合は気になります。

ドラマの中の非常階段や避難経路も気になります。テレビに一瞬映った消火器や探知機であっても、どこのメーカーの製品かは特定できます。

第3章

たくさんルールをつくるほうが社員はのびのび働ける

▼3S（整理・整頓・清掃）活動を会社に導入する

社員がのびのび働ける職場とは、どんなイメージでしょうか。

よく耳にするのは、「自由な社風」というフレーズです。一見、ノールールであれば、働く社員にとってはストレスフリーな職場のように感じます。

でも、私には異論があります。そもそもルールが1つもない会社なんてありえないと思います。何も決めずに、社員がそれぞれ好き勝手なスタイルで働いていたら、会社は回りません。どんな職場にも必ず仕事を進めるための決め事があるはずです。

つまり、「自由な社風」とは、言い換えるならば会社に暗黙のルールがあるのだと私は考えています。いつ誰が決めたのかもわからないルールに従うのは、私にはストレスです。見えないルールのほうがよほど社員を縛っているはずです。

だから、ルールを明文化して定める会社のほうが働きやすいというのが私の持論です。

たしかに、仕事において、各社員それぞれに応じた裁量を与えることは必要です。でも、くり返しますが、それはルールをつくった上での話です。ルールレスの職場でやみくもに裁量を与えたら、無法地帯になるか、暗黙のルールに支配されるのがオチです。

キチンとルールを定めて、その枠組みの中で大胆に裁量を与えていくのがベストです。

そのやり方なら、会社の方向性とズレた判断が生まれることはありません。

「まずルールをつくって守らせる」のがスモールカンパニーの経営者の仕事です。

当社の場合は、最初に３Ｓ（整理・整頓・清掃）活動を導入しました。

私が会社で一番大事だと思うのは、挨拶や感謝などのメンタルの部分であり、それらが生まれる社風のベースを、目に見えるところから築きたいと思っていました。

そこで社内の環境整備のために、３Ｓ活動を選んだのです。オフィスの中の整理整頓、清掃を隅々まで行き届かせる。当たり前のことですが、意識的に取り組まないと、なかなか定着していきません。やはり明文化したルールがなければ、おざなりになってしまうので、自分たちの心の質を高めるために本気でやってみようと私が決めました。

そして、３Ｓ活動の専門家であるコンサルタントに依頼しました。

外部に委託したきっかけは、私が『最強の組織をつくる「５Ｓ」のススメ』（戸敷進一著／現代書林刊）を読んだからです。その内容に衝撃を受けて、これは当社でも絶対にやらなければいけないと感じました。他の書籍などもいろいろ勉強した上で、やるに当たっては全員参加型が必須であり、私だけがやっても意味がないと判断しました。

社風として定着させるためには、マンネリ化は敵です。形骸化しないように基礎から着実に取り組んでいきたいと考えました。それなら、私が先頭に立って「みんなでやろう」と旗を振るより、外部のコンサルタントに仕組みづくりをしっかりサポートしてもらったほうが、社員も素直にやりやすいと思ったのです。

これは、社長になる前、私が実質的に会社の運営を任された時期から着手しました。

当社の場合は現場作業をするので、倉庫を併設していて清掃道具や点検道具、資材などが保管されています。根本的な整理をしていなかったため、もはや不要になった道具も数多く放置されていました。

オフィスの中も褒められた状態ではありません。各自のデスクにも書類棚にもさまざまなものがあり、戸棚には現場ごとのものすごい数のファイルが積まれています。まるで整頓されていません。

いよいよ、コンサルタントが初指導に来るという当日の朝に、オフィスや倉庫をあらためて眺めていた私は、何とも言えない気分になりました。そうなると、いてもたってもいられなくなるのが私の性分です。雑然とした様子に対して、どうにも我慢できなくなり、そのまま3S活動に突入したのです。

とにかく要らないものは捨てる。

「迷ったら捨てる」と決めて、みんなで清掃と整理の作業を続けました。

倉庫の中には、高額だけれど、当時の現場でほとんど使っていない機材があります。ルール的には「捨てる」に仕分けされるのですが、父である社長は「その機材はかなり高かったからな。これから使うかもしれないぞ」と言いました。

しかし、私は「今後、要るようなら、そのときに新しく買うことにして今回は捨てます」と決断しました。とりあえず迷うものは捨てるという基準で、全部捨てたのです。

その結果、駐車場に大量のゴミの山ができてしまいました。

初訪問したコンサルタントが「私が来る前にこんなにやってしまったのですか!?」と驚いていたのを覚えています。

社内における整理・整頓のルールもいろいろ改めました。

当時は各自専用のデスクがあり、それぞれが仕事をしやすいように書類やファイルなどを雑然と置いていました。新しいルールではそれらを禁止したのです。デスクの上には電話以外は置かないルールに変えました。

最初は、かなり反発が噴出しました。作業がやりにくくなったとか、必要なものが見つからないという声も出ました。

若い社員は心の中で「そんなの無理やわ」と思っていただけですが、ベテラン社員からはハッキリと「無理ですよ」と直接言われました。デスクの上に電話しか置けないのでは、その都度ファイルや書類を出さなくてはならず、作業効率が悪いというのです。

それでも、私は「3S活動は見栄えを良くするためではなく、社内環境の改善が目的です」と主旨を説明しました。とにかく「必要な書類を机の中に入る量まで減らすことにも意味があるのでお願いします」と、このルールを実行しました。

最初は荒療治だったかもしれません。

でも、実際に清潔で整頓されたオフィスで働いてみると気分がいいので、社員の中で納得感が増していったようです。懸念された業務に関しても意外と問題がないと判明し、3S活動に取り組んで良かったと思っています。

現在はフリーアドレス化して、各自のデスクがなくなり、引き出しもない机が並んでいるだけなので、さらにスッキリ感が増しています。自分の持ち物は各自のロッカーに収納する形になり、社員が帰ってしまった後のオフィスはいい意味で殺風景です。

私には「環境整備こそがスモールカンパニーの最大の人材教育だ」という考えがあるので、理想の状態になっていると思います。

ほかにも環境整備の時間を設けましたが、それまではやってもやらなくてもよかった清掃を半ば強制的にルール化したので、最初は負担が増したという意見も出てきました。

しかし、継続していれば社風として根づきます。

実際、現在の状態になってから入社してきた新しい社員には抵抗がありません。当社ではこの環境が普通なので、デスクの上に何もないオフィスで働くルールに従ってくれます。明確なルールがあるからこそ、みんなが気持ち良い環境で働けるのです。

社風として根づいていると言っても、２ヵ月に１回は、今でも外部のコンサルタントにオフィスを訪問してもらっています。

３Ｓ活動には終わりがありません。マンネリ化しないように、新たなチャレンジを追求していく必要があるのです。コンサルタントによる外からの目で「ちょっと気の緩みがありますね」とか、「こういう試みをやってみましょう」などのアドバイスやヒントをもらえて、社内環境に変化をつけてくれるのです。

▼バラバラのデータをクラウドサービスに統一する

社内に新しくつくったルールはまだあります。

私は『テックビルケア』に入ったときからシステムをスマートに最適化しなければいけないと考えていたため、早いうちにクラウド化を実現しました。今ではクラウドも当たり前になりましたが、当時の状況で、とくに当社のようなスモールカンパニーがクラウドへの移行を進めていったのは、少し先進的だったかもしれません。

それ以前は昔からのシステムで、見積書をExcelで作成したり、各自のスケジュールをホワイトボードに「直帰」などと書いたりしていたのです。

当初は私も旧システムを踏襲して、見積書をつくっていたのですが、次第に不便さを感じるようになりました。例えば、営業部門が提出した見積もりについて、現場業務の担当者へお客様から問い合わせがあった際、すぐに見積書が出てこないと確認できません。そのために「担当者に確認して折り返します」と頻繁に答えなくてはならないのでは困ります。どこにあるのかと社内で大騒ぎになった挙げ句、作成者本人のパソコンのデスクトッ

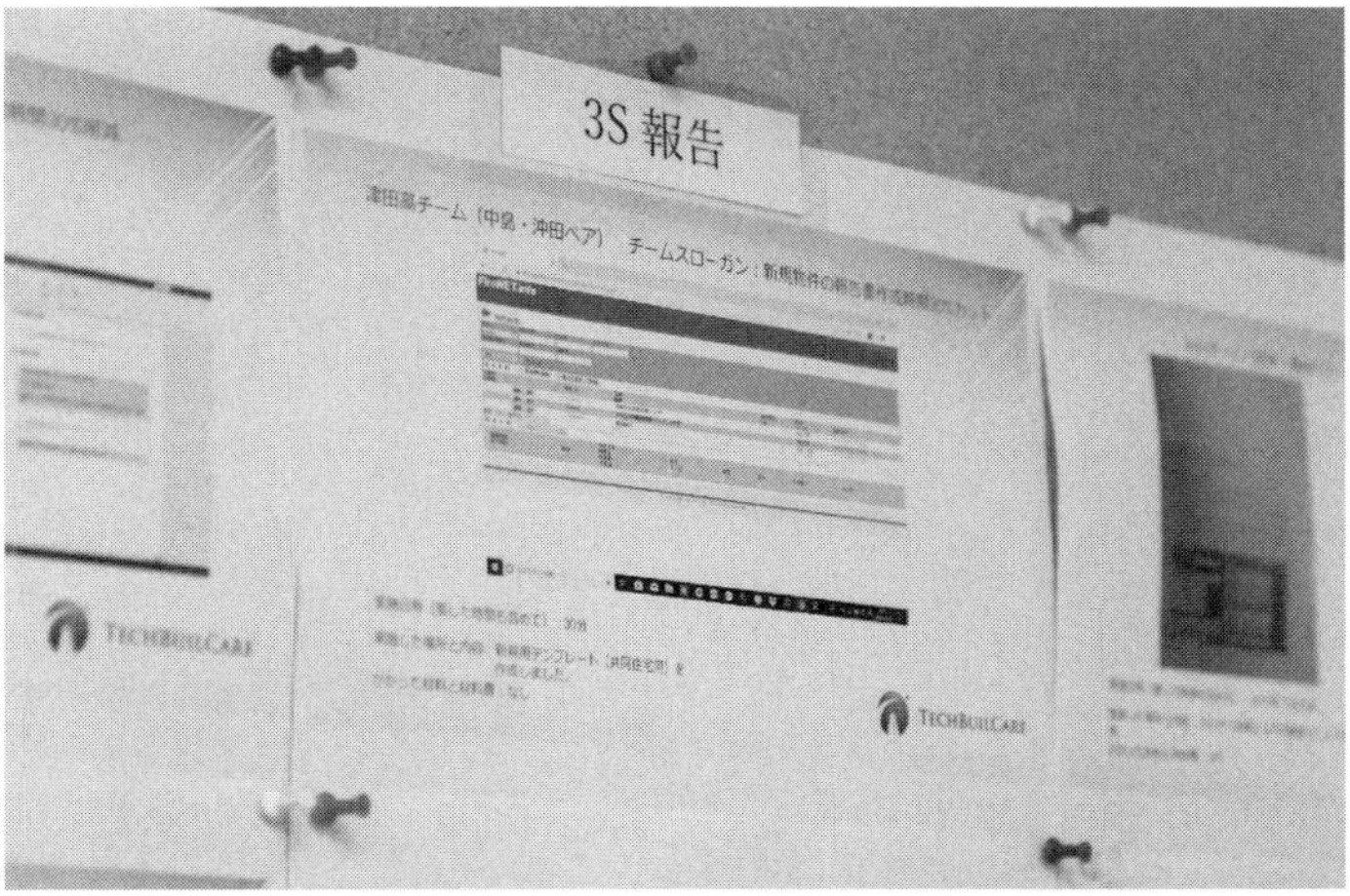
3S 報告
チームスローガン

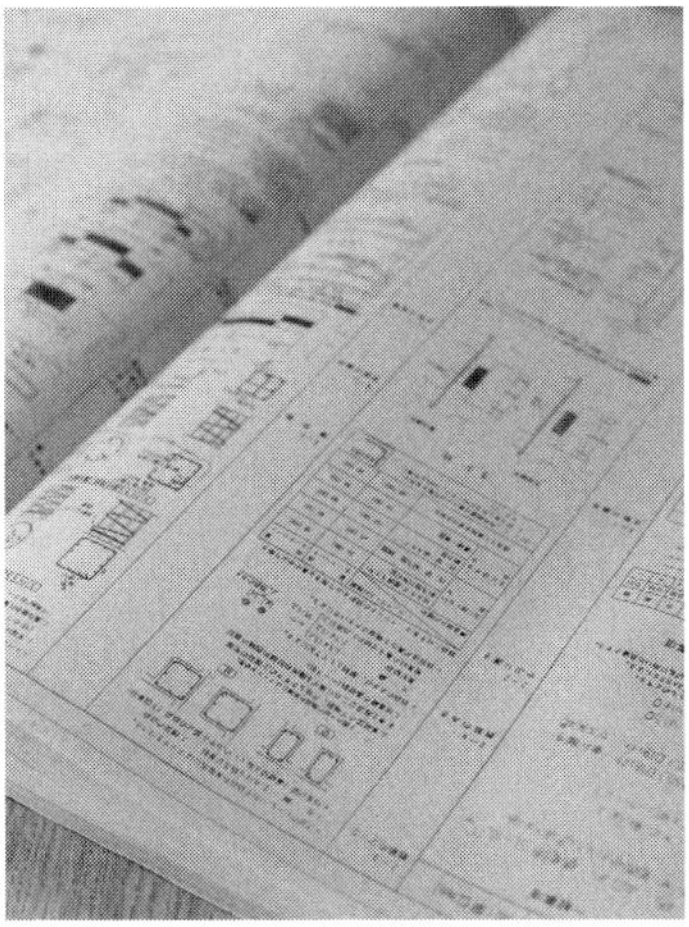

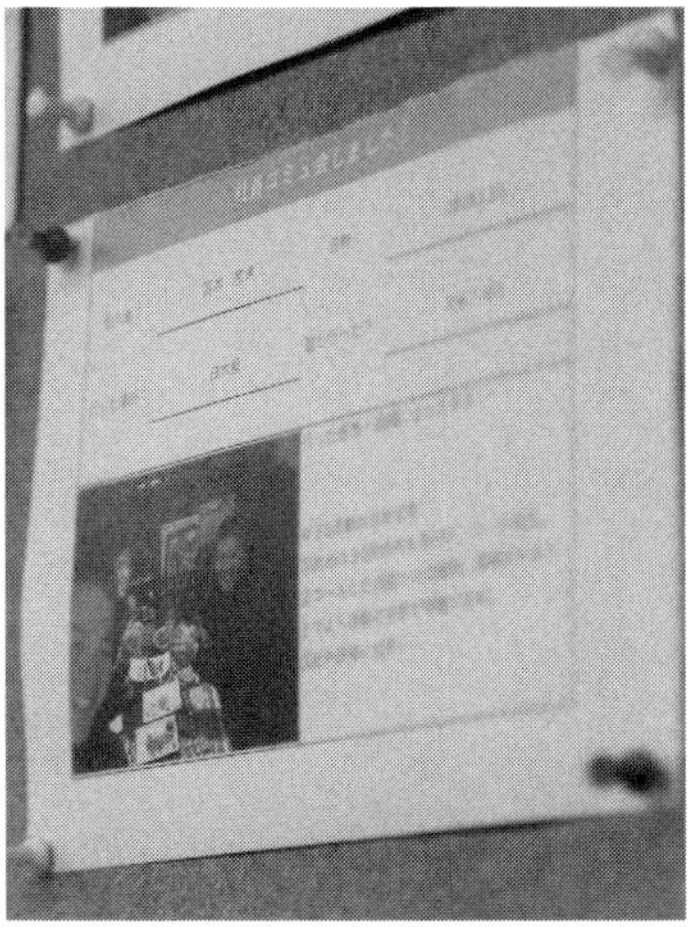

プにあったというオチも何度もありました。

見積書であれば、案件に関わる現場業務も営業も、あるいは他の部門の担当者であってもアプローチしやすくしておく必要があります。

スケジュール管理に対してもホワイトボードに書かれていない部分の予定が見えないことで、いろいろな障害が出ていました。

そこで、私の得意なＩＴ化で問題を改善することになったのです。

まずは現場で使う点検表などを、クラウド上で管理し、スケジュール表もホワイトボードではなく、同じくクラウド上で各自の予定を登録するルールに変えました。

そんな動きの中で見積書もクラウドで管理したいと考えたのです。

最初のクラウドサービスは、私を含めた総務部門で使いはじめました。

試行錯誤をくり返して、1年ほどかけてベースのシステム変更が可能になりました。その段階で、各社員に1ユーザーずつ割り当てて全社に導入したのです。

しかし、当時は古い世代の人間が多かったため、「これはやりすぎだろう」「ついていけないよ」という異論が聞こえてきました
そこで助け舟を出してくれたのは、先代の社長です。

本人も最初は使いにくかっただろうと推察しますが、「時代はこうなるからね。みんなでついていこうよ」と折に触れてフォローをしてくれたのです。

おかげで、見積書もクラウドサービスで共有できるようになりました。Ｅｘｃｅｌのときよりも格段に使いやすくなり、現場の反応もとても良いです。

月１回の「コツコツ面談」で社員と話をする

私が会社を任された最初の頃は、せっかく入った社員が辞めていくつらい経験を重ねてしまいました。何が悪かったのだろうとその度に自問自答したのです。当然ながら、辞めていく理由はそれぞれであり、一概には語れないでしょう。

たとえそうであっても、自分の中で相手の本音を聞けていなかったのではという反省が生まれたのです。もっと会話をして、私に相談しやすい雰囲気をつくっていれば、辞めなくて済んだ人もいたのではないかと考えました。

スモールカンパニーは何百人もいる会社ではありません。全員の顔と名前がわかる人間関係の中では、コミュニケーションはとても大事です。

そこで、毎月、全員が必ず私と話をする機会をつくりました。

といっても、仕事の話ばかりでいくら会話の頻度を上げても、信頼関係は行き詰まるのが必定です。そこを円滑にするには、お互いのプライベートをオープンにすれば、グッと身近に感じて信頼感が高まる効果があると思います。


当社で生まれたのは、「コツコツ面談」です。

私が社員と月に1回マンツーマンで面談をする時間です。

先代の社長はわりとワンマンだったというイメージがありますが、高度成長期にはそのリーダーに従うやり方で会社は成長できました。

しかし、現在は多様化の時代です。

例えば、残業についても今の若い人と10年前の世代では認識が違います。

私が一方的に「こうだよね」と思う価値観と、さらに若い人たちが考えている価値観にもギャップがあるはずです。その違いについて、社長である私に言えないまま退職してしまう人が出るのはすごくもったいない。そんな状況があるうちは、本当の意味で良い会社にはならないと思うのです。

そこで短い時間であっても、全員とできるだけ接点を多くつくるという目的意識で、

「コツコツ面談」を始めました。

月1回、1人5～10分ほどですが、順番に私と面談をしています。

面談と名づけてはいますが、実態は雑談タイムです。社員は話したいことを話してくれれば構いません。プライベートな出来事でもいいし、構えずに他愛ない対話をしてくれればいいのです。プライベートを開示してほしい。子どもの運動会の話題を出してもらえたら嬉しいです。仕事中には、そういう会話はあまりしないので大歓迎です。

別に仕事の話を禁止しているわけではないため、アイデアを私にぶつけてくる人も少なくありません。私は感謝しながら前向きに受け入れています。

とにかく「コツコツ面談」での私は「聞く＝hear」ではなく、「聴く＝listen（耳を傾ける）」のスタンスなのです。

だから、その場でのダメ出しは絶対にやらないという前提条件で話をしています。

もし私が誰かに改めてほしい問題があったとしても、コツコツ面談の席では持ち出しません。気になる部分や注意したいポイントがあれば、別日に機会を設けています。

指導というほど強くない内容なら、半年ごとのフィードバック面談のときに、「この要素を少し入れたらもっと素敵になるよね」とやんわり促します。いずれにせよ、「コツコツ面談」のときにはマイナスの話はしません。

むしろ、私はできるだけ喋らないほうがいいのです。

ただ新入社員の中には、社長と差しの状態で、普段より緊張する人もいます。その場合は、私のほうでなるべく話しかけるようにしています。入社時から「コツコツ面談は、基本的に仕事以外のコミュニケーションが目的です。リラックスして何でも好きな話をしていいよ」と伝えているので、ガチガチになって困るほどの人はいません（笑）。

▼おやつで雑談する「もぐもぐタイム」を設ける

前項で、職場ではリアルな会話が必要だと話しました。

とくにスモールカンパニーの小さいオフィスで、同じフロアにいるのだから、いくら便利であってもメールやチャットで会話をするのは、私には違和感があります。

社長と会話する時間は「コツコツ面談」があります。

そこで、社員同士の距離を縮める時間として、当社では「もぐもぐタイム」という制度を設けています。主に内勤の人たちが利用することになります。

毎日、時間を決めて、みんなでお茶を飲む会を開くのです。

1日15分間ほどですが、仕事の合間にコミュニケーションを深める場にしています。

例えば、「今日は3時から」と開催時間を決め、社内の大きなデスクへと、平均5〜6人で寄り集まってワイワイ話す形です。飲み物やお菓子などは好きなものを買って構わないと伝えているので、参加メンバーが自由に用意して楽しんでいます。

仕事をしていれば、お互いに微妙な感情を抱くこともあります。とくに会話が足りないばかりに、人間関係が難しくなる場合もあります。それは会社にとってもマイナスなので、コミュニケーション不足による不和が起こらないように毎日行っています。

内勤が対象なので、女性が中心ですが、限定しているわけではありません。

ほとんどの男性は現場作業で社外に行きますが、状況によっては内勤の日もあります。

自由参加ではありますが、社内にいる男性も、もぐもぐタイムを楽しんでいます。

私自身、事務所で仕事をするときには、「社長もどうですか？」と誘われたりするので、参加することもあります。

また、ちょっとしたイベントの時間にも利用できます。

例えば、パートの人が家庭の事情で退職することになり、その最後の出勤日に、もぐもぐタイムを使って、私が買ってきたケーキを囲んで簡単なお別れ会をしたこともあります。

そういうイベントの開催もしています。

現在は、コロナ禍によって禁止しなくてならないのが残念です。

社員のみんなと語り合える場を設定する

ここまで、社内のコミュニケーションを健全化するいくつかのルールを紹介してきました。そして、当社では本業である仕事についても、みんなで語り合う場を設定しています。

やっぱり価値観の違う20人以上の大人がひとつの組織で、同じベクトルを目指していこうと思えば、そのための機会を設けて、メンバーそれぞれの認識の再確認と、方向性を語り合う時間が必要です。

そこで、定期的に２種類の会議を実施しています。

月１回の「みらい検討会」と、半年ごとに今後の方向性や来期の目標設定を幹部と泊まりがけで話し合う、通称「ベクトル合宿」の２つです。

まず「みらい検討会」ですが、よくある定例会議とは趣が違います。

開催日には一切の仕事を入れず、全社員が出席する形を取っています。

１日中、仕事を入れない日を毎月設けることは、経営者としてはかなり勇気が要ることです。20人以上の社員全員が業務をしないとなると、売上を計算すればわりと大きな機会損失になるのは事実です。

それでもやる意義があると私は考えています。

日々の仕事に追われているだけでは、新しい試みや、みんなでアイデアや意見を出し合い、議論し、考える時間がなくなります。それでは成長がありません。とはいえ、勤務時間の前後に開催するわけにはいかないので、思い切って思考や会議の時間に充てる日をつくってみようかなと思って始めました。

やるからにはできるだけ有意義に時間を過ごす工夫をしています。

まず午前中は、「みらい検討会」に費やします。

最初に、私の考え方を参加者に発表します。次は、毎月、各自で目標設定をしているので、その成果を公表したり、未達成であれば「なぜできなかったと思うのか」という意見を述べてもらっています。

目標と言っても、売上や利益などの数値的な目標ではなく、お客様の役に立てるような、継続できる自分なりの習慣の目標が主です。

社員全員が一巡したら、社内の重要な周知事項などを伝えてもらいます。

最後は「Ｇｏｏｄ＆Ｎｅｗ」というコーナーを設けていて、これはプライベートの話をする時間です。

まず当番制の司会がボールを持ち、その月の中で自分が嬉しかった出来事などを話すことからスタートします。家族や趣味などのプライベートの話で、仕事以外のテーマにするのがルールです。司会が話し終われば、持っていたボールを、任意の誰かにパスします。

ボールを受け取った人が同じようにプライベートの嬉しいエピソードを話します。ボールは会長や私にも渡されます。

仕事場で個人間の信頼関係を築くために必ず必要なことは、お互いの〝プライベート〟を知っていることです。これは組織心理学でも証明されています。

このようにして午前中の「みらい検討会」は閉会します。

続いてお昼の時間になるので、みんなで一緒にお弁当を食べます。

通常営業の日は、多くの社員が現場で作業をしているので、社員全員で一緒にお昼を食べる機会はなかなかありません。だから、その日は会社が弁当代を出して、会長や私も含めてランチをともにしています。

そして午後は、事業部ごとに「フォローアップ勉強会」を行います。この目的は、戦術のＰＤＣＡとアウトプットの訓練にあります。

では、もうひとつの「ベクトル合宿」について説明しましょう。

ベクトル合宿というのは、合宿形式の経営戦略会議です。

半年ごとに会社の現状を把握し、次の半期は新しく何に取り組むかを考える時間です。

きっかけは、私が経営計画書をしっかりつくろうと決めたことです。経営計画書をリ

ニューアルするなら、私の一方的な思いだけで決定しても意味がありません。一緒に働くメンバーの思いや考えをできるだけ吸い上げたいと思ったのです。
ベクトル合宿は、経営計画書をつくるために半期ごと、つまり半年に1回ずつ、基本的には8月と2月の開催になります。1泊2日でリゾートホテル『エクシブ』の保養施設を使って、役職のメンバーを中心に泊まりがけで実施します。役職者のみと限定しているわけではなく、参加を希望するなら、一般社員でもOKにしています。
私としては、むしろ一般社員に多く参加してほしいと願っています。
そのため、従来は土日開催でしたが、一般社員が参加しやすいように平日の木・金開催に変更しました。まだまだ有志の参加者は少ないですが、自然と参加したくなる合宿になるように、これからもいろいろと試していくつもりです。

当日のスケジュールは、まず参加者が会社に集合します。それぞれ私の車や、社員の車に相乗りして一緒に現地に向かいます。私も運転します。大体、午後2〜3時にチェックインします。割り当てられた部屋で荷物を置くと、ひとつの部屋に集まり、夕飯の時間まで私の用意したテーマについて話し合いをします。この時間が第1部になります。会議が一段落したら、外に出かけて食事会をします。その後、ホテルに戻ると、ベクトル合宿の第2部を開始して夜中まで話し合いを続けます。ただこの時間は、お酒も入りながら緩い感じになります。翌日も午前中は会議をして、お昼頃に終わると、また車に相乗りして会社に戻ってきて解散というのが一連の流れです。

〝合宿形式〟にしているのにも、私なりの意味づけがあります。会議室を借りて2日間やればいいところですが、合宿にすると、寝食をともにすることで、お互いの距離がグッと縮まり、本音を言い合えます。

また、みんなで大浴場に入ったり、会食の時間もあるので、ちょっとした社員旅行みたいな感じにもなります。それを楽しみに参加するのも構いません。

その意味では、ベクトル合宿の開催場所のエクシブは毎回変えています。例えば、今回は京都府で、次回は三重県に行くと変化をつけています。

現在は、合宿するのは厳しいため、ベクトル合宿はコミュニティセンターのような場所を借りて話し合い、経営計画書をつくっています。

コロナが明ければ、また合宿形式に戻します。

▼「朝令暮改」こそがスモールカンパニーの強み

本書では、私が取り組んできたさまざまな試みを紹介しています。

しかし、挑戦した事柄のすべてが成果を上げたわけではありません。今まで、実行してみたけれどやめたことも数多くあります。

一時期、インターネットで消火器を販売していたことがあります。

私の思いつきで始めたのですが、インターネットショップの管理運営にすごく負担がかかってしまいました。多少の利益は出ましたが、関わるスタッフの消耗が激しく、キッパりとやめました。

今となっては、これは単に〝金儲け〟だけを目的として始めたことだと反省しています。現在では、新しいことを始める際に、〝金儲け〟がしたいのか、〝事業〟がしたいのかをしっかり自問するようにしています。

社長が決めたことを全員が規律・ルールを守って実行することが大事ですが、間違った選択ならすぐに悪い結果が出るので、撤回して新たに別の戦略を立てます。

このスピード感こそがスモールカンパニーの強みだと考えています。実行する前からリスクやデメリットを机上でこねくり回して列挙するくらいなら、早くやって早く結論を出すほうがよいという考え方です。

だからこそ、スモールカンパニーはとにかく手数を増やすことです。成功率にこだわる必要はない。成功数を上げていくためには、フットワークが軽くなければなりません。

朝令暮改こそスモールカンパニーの強みなのです。

せっかくのフットワークの軽さを活かすべきです。社員が一定の規模を超えてくれば、システムを変えようとしてもひと苦労になるでしょう。

実際、私が以前働いていた防災関係の会社がそうでした。

ここは新しく変更したほうがいいと思う仕組みでも、ある程度の人数がいて、古い社員も多いため、なかなか変えられないのです。

でも当社のような小さな所帯であれば、来月から違うシステムに一新できますし、フットワーク軽く、いい意味でコロコロ変えられます。むしろ、決断が遅いほうが損失は大きくなるでしょう。

また会社によっては、他社の成果を見て、効果がありそうならやってみようと考えているところもあるでしょう。しかし、私はそのやり方に反対の立場です。それは、〝先行利益〟という考えを重視しているからです。とくに、インターネットを介したビジネスでは顕著に現れます。ですから、今から本書で紹介したインターネットでの集客をしても追いつくのは難しいのです。

話が少しそれましたが、とにかく朝令暮改で、いろいろな戦略を試してみる中で効果が出て、社員に評判が良かったものが自然に残っていく。成果が上がらなければやめればいいのです。そのくり返しの結果が今の当社になっています。

先述したように、社員のアンケートで「やることがコロコロ変わりすぎる」という不満が述べられていました。最初の頃の私はよく言われていました。やってみたいことが山ほどあって、「あれもやりたい、これもやりたい」という感じだったのは事実です。だから、最初は本当にコロコロ変えていて、「え、また新しいことをやるんですか⁉」と呆れた口調で社員からも言われました。私の中では常に考え続けて行き着いた答えであって、決して思いつきを次々に試したわけではありません。

社内がすべてアナログで動いていたので、デジタルに変えていったのもそうです。一番手っ取り早くてやりやすかったので、どんどん変えていきました。

でも、３ヵ月ぐらい様子を見てみて、あまり良くないなと思ったら、違うシステムに変えました。そうなると、社員からすれば「また変わった」という気分でしょう。せっかく慣れたと思ったら、また別のソフトを使えと言われれば、ついていくのが大変という不満はあったと思います。とくにベテラン社員はうんざりしただろうと思います。

社員から見ると、私は気が変わりやすいように感じるかもしれません。

でも、私のほうではずっと考え続け、熟慮を重ねた上で変更しているので、その内容には根拠と自信があります。そういったことが理解されたのか、今では変えすぎるという不満をアンケートに書かれることはなくなりました。

私は手数を出すことが重要だと思っているので、新しいやり方があれば、とりあえずは試してみようと言っています。ダメだったら戻せばいいのです。社長が覚悟を持って、めげずに前に進むことは大事だと思います。

おかげで、社員も「これをやらせてください」と提案しやすい社風になっているはずです。私は最初から否定することはしません。意見が出されたら、「じゃあ、やってみようか」と受け止めています。

仮に予算が必要なチャレンジであっても、今は会社にも余裕が出てきたため、ものすごく高額でなければ許可します。結果として当社に合わないとなっても、社員の勉強になればそれでいいと思っています。

仕事は〝スピード〟が大事とよく聞きますが、何のスピードなのかが大切なのです。多くの人が走る速さをアップすることだと勘違いしているのではないでしょうか。ビジネスでうまくいくスピードの本質というのは、「走りはじめるスピード」のことだと私は考えています。右へ行くか、左へ行くかは、走りながら考えればいいのです。

経営者は朝令暮改を恐れてはいけません。

防災コラム4

点検業務でとても大事になる〝接客スキル〟

当社を利用されたお客様の割合はリピーターが半分以上を占めています。

いい会社は、お客様とのつき合いを１回で終わらせるのではなく、一生つき合うお客様にするのが上手なのだと思います。逆に伸びない会社は、いつも新規を獲得し続けていかないと売上を維持できないのだと捉えています。

当社の場合、お客様から、現場に向かった担当者の挨拶や接客態度が気持ちいいと、よくお褒めの言葉をいただきます。

他社に依頼していたけれど、当社に切り替えてくださるお客様は、「今の業者は安いけれど対応が悪い」と不満を漏らすケースが多いのです。現場に来た人に相談しても、あまりにも無愛想に接してくるなどの理由で業者を替えています。

この業界は、職人タイプが多いので、コミュニケーションの部分では、少しクセがある人が、私には目につきます。消防設備などの点検で、管理会社の担当者や建物のオーナーと接しても「仕事さえちゃんとやればいいだろう」という意識の人も散見されます。

お客様からすれば、建物の安全に関わる大事な仕事を任せるわけで、円滑なコミュニケーションを取れない相手では、不安や不満を抱くのは当然だと思います。ましてやマンションの点検となれば、個人宅に入るケースもありうる仕事のため、なおさら作業に問題なければいいとはならないでしょう。

私は点検業務には〝接客スキル〟が含まれると考えています。ですから、挨拶は口うるさく指導しますし、常識の範囲で清潔感も大事にしています。

学生のアルバイトなどを使う場合にも、その部分は妥協しません。一般の家庭に入って作業をするので、お客様に不快な印象を与えてはいけないのです。

基本的には作業がメインなのですが、お客様に終了の報告をする場面があるので、そこでの会話の際、言葉遣いや見栄えでも当社のイメージが問われます。

「今日来てくれた人はすごく良かった。またお願いしますね」とお客様からのフィードバックをいただけると、本当に嬉しくなります。

第4章

社長の考えを理解してもらうと会社のレベルは上がる

▼挨拶・日報・朝礼・環境整備を徹底して行う

私はよく他社の良い事例や書籍を参考にして施策を取り入れています。でも、いいと思ったら何でも導入しているわけではありません。その施策が成長や改善につながるレベルに当社が到達しているかについては見極めをしています。

例えば、社員の気持ちがバラバラの職場で、突然「今月からメンバーの誕生日をみんなで祝おう」とルール化しても、周囲はしらけて逆効果になるでしょう。

社員に経営者の考えや思いを浸透させることが大事なのは言うまでもありません。だからと言って、働きがいを感じていない人の心には経営者の言葉は届かないのです。それなら、働きがいを感じられるように、まず社内環境を整えるのが、経営者の務めです。条件が揃ってから初めて理念が浸透しはじめるのだと思います。

ここまで、給料アップ、サービス残業の廃止、有給休暇消化の推進、3S活動にクラウドサービスの導入など、社内環境を整える取り組みをいくつも紹介しました。

そのほかにも、日常から職場の環境整備をするために、私は「挨拶」「日報」「朝礼」も新たなルールとして取り入れています。

「まるで小学校みたいだ」という人もいました。その通りかもしれません。社会人になっても本当に大事にしなければいけないことは、小学校で先生に教えてもらっていたということです。

節目には挨拶をする。頼まれたらすぐに返事をし、報告をし、やってくれたことに笑顔で感謝をする。とても気持ちがいいやり取りだと思います。

「どうして大きな声で挨拶をしないといけないのですか？」

そう問われたこともあります。たしかにビジネスの利益にはつながらないような小さな決まりごとに感じる人もいるのでしょう。しかし、同じ職場で働く人の心のすさみを取り除き、お客様目線のニーズに気づき、行動を起こすための人間性を育てるためには、どうしても必要な第一歩だと信じて、私はルール化しました。

最初は心から言えなくてもいいのです。演技であっても構いません。

とにかく、苦手な人にも「ありがとうございます」、笑顔で「おはようございます」と口にすることを継続してみようと言いました。

人間の脳は不思議で、毎日くり返しているうちに当たり前にできるようになるし、気持ち良くなるものです。そのうち、苦手だった相手への嫌悪感が消えます。その気持ちは相手に伝わって良い関係に変わります。

スモールカンパニーにとって、最高の人材教育は「環境整備」なのです。個人への投資や教育は、その社員が退職すればムダになります。でも、環境整備をするのは、会社にずっと残る仕組みであり、社風になるのです。

環境整備のためにルール化して取り組んだことは、今では当社の社風になっています。社内の結束が強まり、明るく活気のあるオフィスに変貌しました。

具体的にどのようなルールで改善したのかを、個別に説明していきます。

▼出勤したら全フロアで元気に挨拶をする

私は挨拶をとても重視しています。

良い社風をつくるには、一緒に働いているお互いを認め合い、信頼し合うことが大前提だと思います。その人間関係の基盤を築くために一番シンプルで間違いのない方法が挨拶をすることだと確信しています。

5〜6年前から、私は挨拶を交わすルールを明文化しました。出勤・退社時に必ず大きな声で元気に挨拶をしようと伝えています。

それ以前の当社は一般的な状態です。出勤時に誰かと挨拶を交わし、現場に出かけるタイミングで「行ってきます」と室内にひと声かける程度でした。

もしかしたら、急にはやりにくいとか、恥ずかしい人もいたかもしれませんが、ルール化当初は、第三者の講師を招いて接遇研修なども併せて行いました。少しずつ意識を高めてもらいつつ、本格的に浸透していったイメージです。懸念したほどの混乱はなく、馴染んでいきました。誰でも学校などで挨拶をする生活を経験しているからでしょう。

当社のオフィスは2つのフロアにまたがっています。

なので、毎朝出勤してきた人は、必ず2つのフロアに顔を出して、「おはようございます！」と元気よく挨拶をする決まりです。以前のように、出社時に会った人にだけ挨拶するのではなく、意図して全員に挨拶するのです。当然、誰かが「おはようございます」と入ってきたときには、その場にいる全員が「おはようございます」と返しています。

退社するときも例外なく、2つのフロアの全員と必ず挨拶を交わすのです。

新しく入社する人は最初からその状態なので、すぐに馴染んでいます。私が面接時に

「当社は挨拶にすごくこだわっている会社なので、同じようにやっていただきます」と伝えているので、最初からそのつもりで入社してくれています。

言うまでもないですが、私自身も出社したら、2つのフロアを回って全員に挨拶してから自分の部屋に入るようにしています。その時点で、その日のみんなの表情や雰囲気がわかります。挨拶だけでなく、私はコミュニケーションも取るようにしているので、ちょっとした会話が生まれることもあります。

朝の挨拶をするだけでも、社内はだいぶ印象が変わってきました。

当社はフリーアドレス制なので、各自の座るデスクはいつも違います。隣にいる人が毎日同じ組み合わせではないため、会話も余計に弾むのかもしれません。

私が大学を卒業してから何社か経験する中で、普通に挨拶はしてもルールとして掲げている会社はありませんでした。だからなのか、ある会社では、現場から戻ってくると社内はシーンと静まり返っているのです。お客様との電話のやりとりや、キーボードを叩く音くらいしか聞こえない空間でした。

でも、当社のオフィスは、いい意味でザワザワしていて、活気があります。

私が社長室にいると、向こうのオフィスからワイワイガヤガヤと笑い声や話し声が聞こえるのです。社員同士の間に良い関係ができ上がっている裏づけなのかなと嬉しく思っています。

社内での習慣は現場に行ってもそのまま出るため、お客様から当社の社員の態度について「気持ちのいい挨拶ですね」と褒めてもらうことはしばしばあります。

▼「元気が出る朝礼」では経営理念を唱和する

当社では「元気が出る朝礼」を実施しています。

名前の通りにかなり元気よくやっていると思います。

この朝礼によって、社内の雰囲気も変わりました。もし実施していなければ、一般的なビルメンテナンスの会社から脱却できなかったでしょう。

内容に関しては、半年ごとにいろいろ見直していますが、当初から続けているのは「経営計画書の読み合わせ」と「スピーチ」です。

朝礼というと、一般的には情報の共有とか周知、お知らせのために開く会社が多いと思いますが、当社では社員の思考を一致させることを一番の目的にしています。

朝礼における経営計画書の読み合わせが、社員全員の思考を一致させるのに大きな役割を果たしているのです。短い時間ですが、当社の経営理念に関連したテーマで、みんなにスピーチもしてもらっています。

以前の朝礼は主に情報共有が目的で、経営計画書の読み合わせやスピーチはしていませんでした。

私が5年くらい前に経営計画書をリニューアルした際、これは文言を変えて終わりではないので、どうやって社員と共有すればいいかという課題がありました。そのためには、できるだけ短い時間に頻度を多く目にする機会を設けたかったのです。

みらい検討会の日には全員が集まりますが、

月に1回では足りないと思いました。できれば週1回ぐらいのペースで社員が経営計画書に触れる機会をつくれないかと考えたときに、朝礼が一番いいと思いつきました。開催日に朝8時から本社で約15分間行います。全員がひとつの部屋に集まり、壁沿いに並んで立ちます。

最初は神棚に向かって全員で拝礼します。

その後、司会者が「これより、○月△日の元気が出る朝礼を始めます。本日の挨拶当番、○○さん、お願いします」と挨拶の担当者を指名します。そこで元気よく「ハイ、おはようございます」に続いて、全員が「おはようございます」と返すのです。

名前の通り「元気の出る朝礼」で、こういう挨拶から始まって、次に理念の唱和をし、経営計画書の読み合わせと続いていきます。短い区切りでパスを回しながら順番に読んでいきます。社員にしてみれば、いつ自分にパスが回ってくるかわからないので、常に文面を目で追わなければならなくなります。

それから登壇者のスピーチです。これはあくまで当社の理念に沿った内容で話をしてもらいます。例えば、「私の感謝・気づき体験、私なりに経営理念を実践していること」などです。スピーチが終わると、司会者から「社長、訓示をお願いします」と言われるので、私が、今の内容について感じたことを話します。

その後は報告・連絡事項を確認し、締めの挨拶をして終了です。

現在は朝礼を週に2回しか実施していません。

私の本音を言えば、毎日やりたいのです。ですが、私の思いだけでなく、会社としての段階を踏むことが大事だと思うので、最終ゴールを「毎日開催」に設定して、今後は徐々に回数を増やしたいと考えています。

毎日の朝礼が難しい大きな理由は、毎朝全員を集めるのは困難だからです。当社の仕事は現場作業のため、早朝から現場に向かう人も多く、参加人数が減ります。今は限定した開催なので緊張感がありますが、毎日やるとマンネリ化してダラけるリスクもあります。

現時点でも、朝礼の効果は確実に社内に波及しています。

すでに当社の経営理念については、全員が暗唱できます。

経営理念を知っている段階をクリアしているのは間違いありません。加えて経営計画書の読み合わせをしているので、社員の思考の一致という意味では、かなり近づいていると思います。

朝礼のスピーチに関しても同様です。

社会人になってから自分の思いや感じたことを、人前で自分の言葉で話す機会は、頻繁にあるものではありません。いくら見知った人たちとはいえ、自分1人で自分の言葉で喋るとなれば、事前にネタを考える必要があるし、社会人としてすごくいいトレーニングになっているのではないかと思います。

朝礼で聞いて、印象に残っているスピーチはいくつもあります。

サービス業に携わる者として、自分たちが他のサービスに対してお客様の立場になったときの感情や気づきの内容が多いです。そこで得たものを自分の日々の活動に活かしているのは、まさに当社の経営理念に沿っています。みんなへの気づきもあり、私自身もそのスピーチによって気づいた考えをフィードバックしたりして、いい流れが生まれます。

朝礼のプログラムは、定期的に幹部と一緒に見直しています。

半年に1回のベクトル合宿で構成を話し合い、私の独りよがりにならないようにしています。できるだけ短いスパンで、この半年間の朝礼はどうだったかという感想や課題があれば、「では、次の半年はこう変えていこう」と細かく調整しています。

実際、やってみたけれど、廃止した項目があります。

私は挨拶を重んじるので、最初の挨拶にもこだわりました。以前は出席者全員、例えば出席者が15人だとすると、その15人全員が1人ずつ順番に挨拶して、みんなもその都度返す流れにしていたのです。

すごく良かったのですが、後半の人の挨拶になると少し緩んでしまったり、朝礼自体の進行時間がかかりすぎる弊害がありました。できるだけ短い時間で、緊張感のある朝礼を行うことの効果が高いため、挨拶は指名者1人が行う形に変えました。

当社のように企業理念の浸透にこだわるのであれば、朝礼は必須だと思います。

あとは、社員が自分の意見をなかなか出さなかったり、会議であまり発言しないなどの悩みがあるなら、スピーチする機会を設けて、自分の言葉で発信する場を与えるのは、いい効果を生むと思います。

▼人材採用は会社の運命を左右する一大イベント

当社は人材の採用に対して、かなり力を入れています。

スモールカンパニーの場合、余剰人員を雇う余裕はありません。かといって、頭数を補充する感覚で採用するのはNGです。

私はとにかく採用の時点に全力を注いでいます。

なぜなら採用の最大の失敗は、「人が全然採用できないこと」ではなく、「自社に合わない人を採用すること」だからです。

たしかに社員教育は大事ですが、その人の抱く価値観は、入社後になかなか変えられるものではありません。人柄が表れる価値観は、大人になってからの教育によって、そう簡単にガラッと変わるものではないのです。

それなら、自社に合うか否かを採用時に判断するのがベストです。

当社は社員教育にお金をかけていた時期もありましたが、現在では入ってくる段階で価値観の合う人を採用する方針に変わっています。

どんな人を望むのかといえば、自社に合う人柄で、社長である私と仕事観が一致している人なら最高です。もう少し具体的に言うなら、前向きな気持ちがある人、感謝の気持ちがある人、失敗を恐れずチャレンジしようとする人です。

私は面接時に「どんな価値観であっても頭ごなしに否定することはありません。ただし、この3つの気持ちがないと、当社には合わないです」と明確に伝えます。

入社してから教育するのは、そもそも至難の業です。昔は、知人の紹介で採用したケースもありましたが、うまくいきませんでした。人間関係のしがらみで人を雇っても、会社に合わないと少しややこしい事態になります。

さらに、転職回数が多い人も採用しません。「この人は良い！」と思えても、転職をくり返す人はやはり長続きしない人が多いように思います。転職するということは、必ず何か不満があって辞めているはずです。当社に入ったとしても、また別の理由で〝この会社に足りない点〟がどうしても目についてしまうと思うのです。

また、人手不足になったからと採用ありきで面接をする場合、辞める人の代わりを補充したいという意識が強ければ、選考段階で妥協しがちです。そういう形での採用はお互いに後で不幸になるので、当社では妥協をしません。

私だけでなく、面接する役職やリーダーにも当社に合うかどうかで選考するように言っています。

仮に「人手が足りない」という声が出てきても、まずは人を増やす前に効率化できないかを考えます。その次に、当社の利益にあまり貢献していない取引先の絞り込みをして、負担を軽減します。

そういう段階を経た後に、まだ人手不足が解消されていなければ募集をかけることになっていきます。

社員教育についても、当然ながら取り組んでいます。

現在の社員の平均年齢は30代で、業界ではすごく若い会社になります。50代の社員が2人で、あとは私と同世代か、下の世代になります。

社員の育成は、得意をさらに高める方針で教育しています。

例えば、ある作業に対して、社員Aはレベル2とレベル8のスキルがあるとします。この場合、レベル2のスキルを4に上げるよりも、レベル8を10に上げる指導をします。不得意なスキルを平均レベルまで上げても、ビジネスでは効果が薄いからです。得意をさらに高める教育こそ、スモールカンパニーが取るべき戦略です。

当社の仕事は、大きく「消防点検」と「建物の調査・検査」に分かれます。

主に若い社員が「消防点検」部門で、ベテランが「建物の調査・検査」になっています。

消防点検はけっこう動き回る作業なので、フットワークの軽い人のほうが適しているのですが、私が担当している建物の調査・検査に関しては、年齢を重ねて体力が落ちてもできる仕事です。利益率もよく、知識集約型なので、ベテランになってきたらこちらを担当するという流れができつつあります。

私の強みは、消防点検をやってきた経験と知識があり、建物の防災に関するエキスパートであることです。その知識は建物の調査・検査の現場で、かなり重宝されるのです。なので、当社としては入ったばかりの若い人にはまず消防点検の現場で、消防設備の知識や経験を積んでもらいます。その後、少しベテランになってきたら、建物の調査・検査の仕事へとステップアップしてもらう教育をしています。

今は本社が大阪にあり、東京にも支社を置いていますが、もっともっと全国に活動を広げていきたいと考えています。さらに海外展開できれば面白いとも思っています。

現在の当社は、日本の法律に基づいて点検・検査を行っているので、その知識や経験がそのまま海外でも通じるものではありません。実際、防災業界で海外進出をするのはなかなか難しいようです。

日本国内であれば、建物の未来を守る仕事という理念があるので、防犯の分野や個人住宅へのインスペクション（住宅診断）への進出も計画しています。

いずれにせよ、5年後、10年後を見据えての人材を採用できるかどうか、そこに会社の将来がかかっていると思います。

▼一次面接は社長で二次面接は担当部長が行う

当社では人事採用の際、一次面接は代表である私が担当します。

先述しましたが、当社の規模であれば、働いてもらう人材に多様性は求めていません。歯に衣着せぬ言い方になりますが、スモールカンパニーで社長の性格ややり方と合わなければ、お互いに不幸になってしまいます。

今まで紹介してきたように、当社ではさまざまなルールや取り組みを設定しているため、「業務をこなせば文句ないだろう」という精神の持ち主が入社しても、早々に歯車が噛み合わなくなるでしょう。

前提として、社長である私と相性が良さそうな人を求めていきます。それゆえに、私が一次面接を受け持つのです。

多くの会社は人事担当者、ないしは担当部門の社員が最初に面接して、最終面接を社長が行うのだと思います。当社もそのやり方だった時期もあるし、あらかじめシートに記入してもらう形式の時期など試行錯誤を経ています。

人事担当の社員が面接した後、社長が最終面接をする形式をくり返してみて痛感しました。いくら段階を経て、多くの人と面接して合格者を出しても、最終的に私がNOであれば不採用で終わってしまいます。担当者はその基準で合否の判定をしています。今の会社規模でいけば、口幅ったいですが、イコール私に合うか否かの問題に帰結するのです。

結論としては、私のフィーリングを大事にして、当社の経営計画書などを見てもらった上で会社の価値観や考え方に共感してもらえるかどうかを、相互的に判断するのが最適だとわかりました。

その根幹の合意があいまいなまま採用に至ることで、失敗してしまった苦い経験が何度もあります。

私と会話して、お互いにフィーリングが合うと思えれば一次面接通過となります。二次面接は配属先の担当部長が受け持ちます。そこでもOKであれば、晴れて採用という形でやっています。

まず私が最初に面接官となり、思いや考えを伝えて相手の気持ちを直接聞く。そこでお互いにベースの部分を確認し合った上で、この人なら当社に合いそうだと私が判断してから、メンバーである役職やリーダーが最終面接する形式のほうが無駄がないのです。

では、面接時に私が具体的にどんな話をしているかを説明します。

大前提として、志望動機などはあまり見ません。その部分については、どうにでも書けると思っているし、逆に余計な情報が入ってくるのを避けたいのです。意外かもしれませんが、職務経歴書もそれほど目を通しません。つまり、言葉や文章でいくらでも飾れる要素には重きを置いていません。

誰であれ、面接の場においては、格好いいことを口にするはずなので、そういう表面的な情報にとらわれたくないのです。

もちろん、本音を言ってくれればそれでいいとも思いません。

例えば、「当社のどこに魅力を感じて応募されましたか？」と質問して、相手から「自宅に近く、通勤が楽なので」「休みが多くて給料も高いからです！」なんて返事が返ってきたら本心だったとしても悲しくなります。

雇用条件は確かに大事ですが、もっと当社の本質に根ざした部分に魅力を感じてほしいと願っています。

だから、私は自分自身（会社そのもの）の考え方や思いを伝えて、共感してくれる人であれば大歓迎です。フィーリングが合う、価値観が合うという部分はとても大切で、10分くらい話しただけでもわかるものです。

面接の時間については、私ばかり話さないように意識しています。会社の方針などをすべて説明していると、応募者からの話が少なくなってしまいます。

そこで、当社の経営計画書を全員に必ず渡すことにしました。

これは当社のルールブックみたいなものだと説明して、時間があるときに目を通してくださいとお願いします。

経営計画書を読めば、当社が大事にしている理念や、私の思い、社内のルールなどが全部わかるはずです。その内容を読んで「共感できないと思う人では、当社には合わないです」と明確に伝えて、経営計画書を持って帰ってもらいます。

経営計画書の内容が合わないと感じたら、「お互いのために辞退されたほうがいいです」とハッキリ伝えた上で、入社を希望するかの意志を確認しているのです。

実際、帰宅して読了後に、「とてもすばらしい内容だと思いますが、私には少しレベルが高いようです」という理由で辞退した人もいました。自分の考え方をしっかりと伝えた上での辞退の返事なので、私もスッキリするのです。むしろ、入社後のミスマッチを未然に防げたので、相手にとっても良かったはずです。私としても納得感があります。

もし共感してもらえるなら、二次面接に進むことになります。今は応募者に会社を選んでもらう時代なので、そういうスタンスです。

ただ、私の一次面接でＯＫとなっても、二次面接でＮＯと言われるケースはあります。その場合も、ミスマッチに至らなくて良かったと考えています。

当社は、通年で採用を受け入れる環境を整えています。大手企業のように説明会の開催はしませんが、求人メディアに掲載しています。当社に合う人がいれば、人手が足りない状況ではなかったとしても、未来への投資という認識で採用を考えます。

今は中途採用のみですが、将来は新卒採用ができる会社にしたいと考えています。

▼社員のモチベーションを内部から芽生えさせる

ここまで、当社の多くの取り組みを紹介してきましたが、目的は「社員のモチベーションを上げるため」ではありません。正確に言うなら、私は社内のより良い環境整備をしているだけで、モチベーションをアップするのは社員自身に任せているのです。

なぜなら、モチベーションは誰かが与えるものではなくて、自分の内側から〝芽生えるもの〞だと思っているからです。だから、基本的に私には「モチベーションを上げるために○○をする」という発想がありません。

そもそも自分がワクワクすることに対して、外側からモチベーションを与えてもらう必要なんてないでしょう。勝手に自分の内部からモチベーションは芽生えてくるのです。他人から与えられる〝やる気〟は本物ではないと思います。

例えば、テーマパークでも、ゴルフでも、海でも、アーティストのライブでも、自分の好きなことをしに行くのに「よーし、しっかりテンションを上げていくぞ」と努力した経験はないはずです。行くと思っただけでテンションは自然に上がってくる。それが普通だし、本物のモチベーションだと思うので、そういうワクワクする場所に会社を整えることが理想の形ではないでしょうか。

「社員のモチベーションを上げるためにこんな取り組みをしましょう」とコンサルタントが言ったり、本に書いてあったりしますが、私の現場感覚で言うと、多くは社員への安易な迎合になってしまいがちです。

表現が難しくなりますが、「社員にとって良い会社」をあまりに社員目線で考えすぎると、社内は〝ぬるま湯〟になる気がします。社員のモチベーションを上げる目的で福利厚生を考えていくことには、私は違和感を覚えました。

誤解を恐れずに言えば、人間の不満や欲望には際限がありません。会社が「3でやる気を出してほしい」と設定すれば、今度は5を要求され、やがて「8、9までもらえなければやる気が出ない」という状態になりかねないのです。

モチベーションを与えることを目的にしてしまうと、「会社は次に何をしてくれるのか」ということに社員の意識が向かい、間違った方向に行ってしまう懸念があります。

やはりモチベーションは与えるものではありません。

良い会社になれば、彼らの内側から自然とモチベーションが湧いて出てくるはずです。特段、会社が与えなくても、会社に行くと、無理をせずとも、やる気が高まってくるという形が一番理想的だと思います。

ただし、私はいわゆる〝ニンジン〟的な制度を否定しているわけではありません。むしろ最初の動機づけに関しては不純でもいいかなと思います。

だから、インセンティブ制度は取り入れています。でも、むやみに数字を追いかけて、個人の手柄争いをする形ではありません。

当社では売上・利益は全社員に対して公開しています。

営業利益目標として数値目標を立てていますが、その利益を超えた分に関しては、全社員の賞与になるシステムです。

仮に、営業利益目標が5000万だった場合、今期は7000万円になったとすれば、利益目標を2000万超えていることになります。その1／3は税金、1／3は会社の内部留保に回しますが、残りの1／3は夏と冬のボーナスとは別の3度目のボーナス「決算賞与」として全社員で分配します。

この制度は、社員が会社の数字を考える意識づけにもなっています。例えば、人が1人辞めたから、すぐに人員を補充すると考えれば、総人数は変わりません。しかし、何とか現状の人数で仕事を回す工夫をすれば、賞与を受け取る人数は少ないので、同じ利益でも受け取る金額が増えるのです。そういう当事者意識も芽生えてきます。

以前、ニンジンを明確に決めると、その目的だけに向かって走ってしまう弊害も経験し、紆余曲折がありました。

なので、人事評価に関しては、ニンジンをぶら下げるよりも、我々が普段から大切にしているルールや規則を順守した人を高く評価する形で、あえて私の裁量を含める形にしています。

これは今の規模だからできることなのでしょう。全員で20人くらいなので、私も１人１人と直接話ができます。普段の様子や行動に関しても視界に入ってきます。でも、50人に近づいてくると、なかなか全員を把握するのは難しくなります。そうなれば挨拶や感謝などの評価基準ではなく、ある程度明確な基準をつくらなければ、逆にモチベーションが下がる社員が出てしまうはずです。

そこは、会社の規模に合わせて変えていくべきだと思います。

▼売上目標ではなく「利益目標」を掲げる

前述のように、当社は利益目標を超えれば、賞与として分配しています。

父が社長の時代には基本的に「売上目標」を掲げていました。

ただ、私自身が勤めていたいくつかの会社で、売上目標を提示されても、自分の問題としてはあまりピンと来なかった記憶があります。やはり社員の立場からすると、「ふーん、社長はそういう目標を立てたんだね」という程度の感想で終わってしまうのは珍しくないと思いました。

そこで、掲げるのは、もう少し現実味のある「利益目標」にして、その目標を達成すると社員に何が起きるのかという部分まで踏み込んだのです。

その結果として生まれたのが、利益目標を達成すれば、その1／3は賞与とは別にみんなに還元するという「決算賞与」の制度です。

売上目標を立てる会社は多いですが、その数字を追いかけることは、会社の成長とダイレクトにはつながらないと私は考えます。

むしろスモールカンパニーにとって売上至上主義に突き進むのは、一番危ない路線だとさえ思います。

なぜなら売上を急激に増やそうとする場合、安値戦略に走りがちだからです。

冷静に考えれば、1件ごとの単価を下げれば、長期的には自分の首を絞めるとわかっている経営者は多いはずです。

それでも、売上目標を達成できなければ、会社が衰退するかもしれないという恐怖心で、売上至上主義を選んでしまいます。

一時的に依頼件数が増えたとしても、以前よりも多い数をこなすためには、人員も補てんしなければならなくなります。人件費がかさむけれど、低単価の仕事ばかりで利益は低いため、さらに売上を増やす必要があります。完全な悪循環です。

仕事が減れば、増やした人が余剰人員になるので、その分の仕事を維持し続けなければなりません。最悪の場合、また値下げするハメにもなります。

一番怖いのは、社員が疲弊してしまうことです。

売上が上がっても、利益が上がらなければ社員の給与は増えません。心身ともにボロボロになって人が辞めていくのでは、売上目標を数字の上だけで達成したところで、会社が成長したとは言えないと思います。

だからこそ、私が重視するのは利益目標なのです。もっと厳密に言えば、とにかく「粗利」を重視します。

予想外の事態になっても、利益を積み上げている会社は強いです。

当社はサービス業なので売上はそんなに大きくないのですが、仮に来期の売上目標を5億円にしようと決めたとしても、これだと数字が大きすぎて社員にはリアルな金額に感じられません。

利益目標であれば、1人当たりがいくらの利益を出せば達成できるかというレベルまで落とし込みやすくなるのです。

一時的、表面的な成長よりも、会社の永続にポイントを置いて考えるので、利益目標を掲げるスタイルを続けています。

売上至上主義から粗利至上主義へ、自分のパラダイムシフトを起こすことができた後は、見える景色がガラッと変わったのです。

私も会社も、すべてが良い方向へ進んでいると確信しています。

▼「経営計画書」を作成して夢と覚悟を記す

私は物事を具体化して考えるようにしています。

例えば、何かの課題が出た場合に、その解決方法については精神論では語らないように気をつけています。しっかりと目標設定や改善策を具体的に組み立てるのです。

仕事において誰でもミスをすることはあるし、トラブルは起きると思います。

その際に、社員からよく「次回から気をつけます」という言葉が出るのですが、当社ではNGワードです。

気をつけるのは当たり前の話で、その段階で終わっていては、何の解決にもなっていないので、次回からは「こういう状況ではこう対応する」「このトラブルを防止するためにやり方をこう変える」という形で、具体的な改善策を必ず出してもらうようにしています。例えば、遅刻の多い社員がいたとすれば、「次は遅刻しないように気をつけます」で済ませるのではなくて、「明日から15分早く家を出るようにします」と改善策や防止策を具体的に提示してほしいのです。

当社の社員には個人の目標を出してもらっています。これは人事評価にもつながるため、評価者によって達成か未達成かの判断が変わってしまうような目標は受けつけません。例えば「コミュニケーションを活性化する」という目標では、活性化できたか否かの判断に迷います。同様に「○○を頑張る」や「○○に気をつける」などの抽象的な目標設定は差し戻して再考してもらいます。

私自身も経営計画書を具体的に書いています。

小さくても伸びていく会社は、しっかりと経営計画書を練っているという共通点があると思うからです。それも単なる数字目標を並べるのではなく、どちらかというと違う方向を大事にしています。

基本的には売上目標は立てていません。利益目標は立てていますが、数字に関して私が社内で言及することはほとんどないです。「今月は未達じゃないか、営業はどうなっているんだ」なんて話をした記憶はありません。

数値目標は〝達成すべきもの〟というよりは、あくまでも〝目指すべきもの〟という認識だからです。

例えるなら、自分がどの山に登るかを決める指標なのです。その意識で取り組んでいますが、私が入った当時と比べると利益は10倍くらいになっています。

意識しているのは、当社はこの先こうなることを目指しますという将来の夢から話を始めることです。この計画書を読んだメンバーが、「『テックビルケア』はこれから自分にとってこんなに良い会社になっていくのか」と多少でも想像できてワクワクできるイメージを盛り込みたいのです。

数字の計算で成長を測り、社長個人の理想だけで自己満足の経営計画書をつくるのは嫌なのです。会社の未来と方向性を社員に示すために策定しなければ意味がありません。

経営計画書は、私の夢と覚悟です。

▼社員とのコミュニケーションは頻度で深まる

何度も言いますが、私は社内のコミュニケーションを大切にしています。「この会社で頑張り続けたい」と思うのは、どういう仲間と、どんな社長と一緒に働くかという面がとても大きな要素だと思います。

社長である私との信頼関係はコミュニケーションでしか築けません。

この場合のコミュニケーションとは、単なる会話の総時間ではなく、「頻度」が一番重要だと考えています。半年に1回の飲み会で、2時間じっくりと話すよりも、短くても1日1回は必ず他愛ない会話をするほうが、着実に信頼感が積み上がるし、相手に好印象を持てるのではないでしょうか。

仕事なので厳しい部分は必要ですが、私が目指す社風は笑いや優しさ、温かさなどをベースにしたいのです。その意味では私と社員、そして社員同士の普段からのコミュニケーションはとても重要です。

毎月行っている「コツコツ面談」については説明したので、日常場面での私の「声がけ」と、社員同士の距離感を縮めた「フリーアドレス」について紹介します。

私は社員に「大丈夫？」という問いかけはしません。

よく社長や上司がそういう声がけをして、コミュニケーションを取ったつもりになっているのに疑問を抱いています。

理由は単純で、「大丈夫？」と聞かれた相手は「大丈夫」と答えるに決まっているからです。大体、尋ねる側もその返事を期待しているので、あまり意味がないやりとりだと思います。そんな会話は不毛です。信頼関係の向上には役に立ちません。

だから、私は「何か困ったことはないですか？」というように、具体的に問いかけるようにしています。

この言い方なら、特定の案件を指していないし、仕事以外の問題であっても答えやすいはずです。実際、相手が「社長、じつは……」と問題を打ち明けてくれるケースはしばしばあります。私は、「それに対して私ができることは何かない？」「何かフォローできることある？」などと応じます。社長や上司の声がけは、相手の本音を引き出してあげられるような問いかけでないのなら、単なる自己満足のパフォーマンスに過ぎません。

次にフリーアドレスですが、変えた目的は2つあります。

ひとつは3S活動の促進で、毎日席が替わるルールなら、自分の私物を固定できないので環境整備という面で効果的だからです。

そして、もうひとつの目的が社内コミュニケーションの活性化です。

当社は大企業ではないため、同じエリアで働いているので、フリーアドレスにする前から違う部署の人同士でも比較的、会話を交わすほうでした。それでも、席が固定されていると、コミュニケーションを取る相手も固まってくる傾向があります。

私は、できるだけいろいろな社員同士がコミュニケーションを深め、良い社風になってほしいと願っています。そこで、会話の相手をシャッフルできるように、固定席を廃止して、フリーアドレス制度を導入したのです。

最初は、「効率が落ちる」というクレームが出ました。

事業部単位でまとまっていたほうが業務連絡や打ち合わせをしやすいのはわかります。それでも、そのデメリットを理解した上で、私はみんなにコミュニケーションを活性化するのが目的だからと説明しました。

当然、試行錯誤をする期間はありました。

単純に「フリーアドレス化」と言うだけでは、何となくそれぞれが毎日同じような席を選ぶ傾向が出てきます。とくにベテランや社歴の長い人が決まった場所に座ると、「あそこは○○さんの席」とほかの社員が避けるようになります。そして、気の合う人間同士で固まってコミュニケーションを取ってしまいます。

これでは導入した意味がありません。

現在は、当番制で担当者を決め、『フリーアドレス表』を作成しています。週ごとに席をシャッフルして、「あなたはこのエリアに座ってください」という制限をかけることで、席が固定化しない工夫をしています。

今のオフィスはいい意味で私語が多く、活気があります。

フリーアドレスが機能したので、業務や性別、年齢層、キャラクターなどバラバラの属性が混じり合って、隣で話す人が変わり、フレッシュな会話をみんなが楽しんでいます。

私自身、理想の社風に向かって年々良くなっている実感があるのです。

以前は、ある日、「社長、お話があります」と悩んでいる本人が来て、突然「辞めさせてください」と言われ、驚くことが多かったのです。でも、現在は、「○○さんが元気がないです」などの情報が上がることもあるし、私自身がおかしな雰囲気を感じ取ることもできて、いち早くケアに回っています。

これもコミュニケーションの活性化の賜物だと思います。

▼「家族会」を開催して社員の家族にも感謝する

当社では毎年秋になると「家族会」を開催しています。

社員と、その家族の方々と総勢40〜50人ほどで集まり、美味しい食事をしたり、楽しいゲームをしたりしてワイワイやるイベントです。

当社の経営理念や経営計画書でも謳っていますが、社員だけでなく家族の皆さんにも

「いい会社だね」と喜ばれる『テックビルケア』にしたいと、私は考えています。

そのために家族会の絆をより深める形に変えました。

先代の社長の時代から、家族の懇親会はときどき催されていたのですが、毎年1回行う形で、私が定期化に踏み切りました。古参の社員は家族会を経験していますが、家族を会社の仲間に紹介することは、今のご時世ではセンシティブな問題でもあります。そこで採用面接のときに、「当社はこういう目的で家族会を毎年1回やっています」とも伝えて、納得した上で入社してもらうようにしています。

当社の取り組みを紹介する中で、会を取り仕切る〝当番〟について触れてきましたが、この家族会に関しては、当番制ではありません。

基本的には社長主催ということで、私自身が開催の準備を整えています。

家族会で誰かが担当者になれば、準備に負担がかかるし、当日の会場で雑務に追われる可能性もあります。せっかく家族の方々を招くのに、それでは本末転倒になってしまうので、みんなに楽しんでもらうために、私が毎年仕切る形にしています。

年に1回なので、毎年趣向を変えています。

ある年は、高級中華料理店でコース料理を食べ、ＵＳＪのパスポートを社員と家族を含めた全員にサプライズで贈りました。バーベキューをした年もあります。ある年は、少々値段の高い食事券や旅行券をくじ引きの景品として用意しました。皆さんがとても喜んでくれるので、こちらもやって良かったと嬉しくなります。総人数がそれほど多くない所帯ゆえに可能な催しだと思います。

食事会といっても、自己紹介だけをして、あとは自由に歓談するスタイルです。目的としては、『テックビルケア』とはどんな会社か、どういう社長と働いているのかを社員の家族にもわかってもらうことがあります。

もちろん、会社の同僚にはどういう人がいるのかがわかるのも影響が大きいです。社員が家で何気なく同僚について話すこともあるでしょうから、その当人に実際に家族会で会って挨拶もできるわけです。「夫が以前に話していたのはこの人のことだ」みたいな感動があるかもしれません。そこから話が弾み、関係性ができ、家族の方々が安心できるのであれば何よりです。

私自身の家族も参加します。当社は、私も含めてまだ子どもが小さい家庭が多く、お互いの家族構成を知ることで、オフィスでも新たな会話が生まれます。自分と似ている家族構成の人には親近感も湧いてきます。

旅行スタイルにして泊まれば、もっとコミュニケーションを取れるという意見もあるのですが、そうなると負担が大きすぎると感じています。2時間の食事会なので、ドカンと集中して予算をかけてみんなに喜んでもらえるのです。1泊2日という長さになると、予算編成も変わりますし、参加率も下がると思います。

私は社員旅行について、ときどきアンケートを取りますが、社員同士の仲がいい当社でも賛否両論になってしまいます。私の世代くらいまでは「社員旅行は楽しいよね」という意見がわりと多いのですが、20代になると、それより家でゆっくりしたいと割れています。私は職場の宴会が嫌いではなく、先輩にお酌する文化にも馴染んでいましたが、今はそういう感覚は古いのでしょう。若い世代の意識が変わってきている以上、「会社のためだから」と強制参加させることはできません。だから、当社では社員旅行は実施していません。

福利厚生で言えば、「ベクトル合宿」の会場として紹介した「エクシブ」という会員制ホテルを社員が両親や家族と利用した場合、宿泊費は全額を会社負担にしています。これも純粋に、社員の家族に喜んでもらうために始めました。

とても評判が良くて、1回利用した社員は、良かったからまた使いたいと言ってくれます。ルールというと大げさに聞こえますが、利用者は社内のSNSに宿泊時の写真と、負担にならない程度の一言の感想をつけてアップしてもらっています。その様子を見て、自分も家族を連れて行きたいと思う人が増えてくれたら嬉しいです。

『テックビルケア』の社風や雰囲気を家族の方々に理解してもらえれば心強いです。ときには、社員も仕事なので嫌なことや落ち込むこともあり、会社を辞めたいなと思う瞬間もあるかもしれません。そんなときに、家族の方が「いい会社だから、もう少し頑張ってみたら」と励ましてくれたら言うことはありません。

防災コラム 5

勝負のポイントは安売りではなく〝適正価格〟

建築物の点検業界の料金はどれぐらいだと思いますか？

じつは、業界全体の相場と呼べる金額はないのです。

例えば、お客様から、「今の業者はこの金額でやってもらっているけど、お宅はもっと安くなる？」と打診されることがありますが、数字を見て「高いなあ」と思う場合があれば、「うわ、安いっ」と驚く場合の両方があるのです。

この業界はネット広告への参入が遅れていた話をしましたが、その意味では、いろんな業者の価格を比較して選ぶというより、地元の業者に頼む例が多いように見えます。

そうなると、競争原理が働かないので、高めになりがちだと感じます。

当社は5年前くらいには、「他社より1円でも安くします」をセールスポイントにしていました。

当時は扱う案件の数を増やしたかったので、インターネット広告で低価格をメインに打ち出して、一定の効果があったのです。

しかし、急増する仕事に比べて、マンパワーが追いつかなくなり、社員が疲弊してきました。

そこまで忙しくても、儲けはそれほど増えません。安売りで案件を増やしたのだから当然です。このままでは会社が立ち行かなくなるので、思い切って方針転換をしました。

仕事が欲しいと焦っていた時期は、よほどの下げ幅でなければ値下げ交渉にも応じていたのですが、意識を変えました。

値下げを要求するお客様に対して、自分の中でラインを決めて、これ以上は無理ですとお断りするようになりました。

さらに安さ重視はやめて、適正価格で勝負すると決めたのです。

基本的には、従来の2割増しくらいの料金に値上げしました。

値上げすることで、新規の注文が減るかもしれないという怖さはありました。でも、経営者としての信念に基づいて値上げに踏み切らなければなりません。当社に継続して依頼してくださるお客様に、次回からは2割増しの料金でお願いする必要もあります。

もし「それなら、もうお宅には頼まない」と言われたら仕方ないと覚悟して値上げしました。

でも、思ったより断られずに、新規の問い合わせについても売上が減ることはなかったのです。受注率が変わらなかったので、トータルの利益が劇的に上がりました。

たった20％と思うかもしれませんが、見積金額の2割値上げは、営業利益で換算すると2倍の効果があります。

第5章

感謝が溢れる社風づくりが経営のすべての基本になる

▼日報には「感謝のコメント」を入れるのがルール

当社では社員に日報を書いてもらっていますが、日報も書き方のルールをひと工夫するだけで、スモールカンパニーの環境整備に非常に有効なツールになります。

当社の日報では、「今週の感謝」というコーナーを設けています。

通常、日報と言えば、その日に誰とどの現場に行って、どんな作業をしたかなど、業務日誌的な要素が強くなりがちです。

でも、当社の日報は単なる業務日誌ではありません。社内のＳＮＳに毎日退社前に日報をアップしてもらうので、全員が閲覧できます。

だから、日報に感謝のコメントをつけ加えることで社風が良くなるのです。

人間は意識しなければ、相手の欠点や日常の不満に対して目を向けてしまいます。社風を良くする意味でも、社員１人１人の人間性を高めるという意味でも、日々感謝する気持ちを意識的に持ち、それをみんなに発信してもらうことが当社の日報の役割です。

毎日の仕事の中で、助け合い、支え合い、ときには気づきを与えてもらう。その瞬間は自分の心の中に感謝の気持ちが芽生えても、日常の忙しさに流されると、いつしか感謝するより、当たり前だと感じてしまいます。だから、感謝の種を見つけるのは普段の意識と習慣が大事になります。助けてもらって当然と受け止めてはいけないのです。

そういう気持ちを丁寧に言葉にして、日報にアップすることで、社内で共有し、お互いに感謝する習慣をつけようという目的で「今週の感謝」がスタートしています。

私の本音としては、毎日書いてほしいのですが、今は最低でも週に1回は感謝のコメントを書くルールに決めています。感謝の対象は誰に対してでも構いません。

みんなの前で感謝されるのは気持ちのいいものです。社内の人に対するコメントであれば、その感謝に対するリアクションも出てくるなど、当社のコミュニケーションの活性化の上でもすごく役に立っていると実感しています。

これも日報のスタイルを変えて、すぐに社内に浸透して習慣化されたわけではありません。社風に至るまでには、アイドリングの期間を設けたのです。

私自身は日報を書きませんが、最近までは1人1人全員の日報に毎日必ずコメントを書くことを自分のルールにしていました。日報はSNSに公開する形に変えたので、自分が書いた日報に誰かが反応しないと、見てくれている、見られているという意識がなくなり、日報の内容が形骸化すると考えたためです。

だから、数年間は、私が全員の日報に必ずコメントを返し、みんなが習慣化して社風として根づいた段階で、私はフェードアウトしました。現在は、全員に返すのではなく、気づいたコメントのみをピックアップして返すことにしています。

この日報に感謝のコメントを書く取り組みは、良い社風のベースになり、プラスの効果が出ていると思います。

感謝の種を見つけることは、日頃から意識していないと本当に難しいのです。

その意識は日報に限らず、日常生活や仕事でも役立つことだと私は思っています。

▼社風は「笑顔」と「ありがとう」から生まれる

前述のように、私は感謝を見つけ、相手に伝えることが、いい社風につながると思っています。

じつは、社員の席をフリーアドレス制にした際にも、思わぬ効果がありました。もともとは、社員同士のコミュニケーションの活性化が目的でしたが、今まで仕事内容を詳しく知らなかった相手とも席が近くなることで、見えていなかった他部署の苦労が間近で感じられ、あちこちで感謝が生まれたのです。

当社では「笑顔とありがとう」を相手に伝えることを明文化しています。元気に挨拶することをルール化したのと同様です。

良い社風をつくるためには「ありがとう」の言葉や笑顔は必須条件です。

仕事なので、場合によっては厳しい発言もあるし、間違った人がいれば注意する場面だってあるでしょう。でも、言われたことを素直に受け入れるためには、普段からお互いに感謝の気持ちで接し、笑顔でコミュニケーションを取れる信頼関係が必要です。

そういう根本的なベースが築けていなければ、厳しいことを言われても、反発する気持ちしか起きないでしょう。それでは、ギスギスした人間関係のオフィスになります。

信頼関係があればこそ、注意されたり、悪い点を指摘されても、自分のためを思って言ってくれたのだと「ありがとう」とすんなり受け入れられるはずです。

そのために、私は普段から社員に感謝のやりとりが生まれる仕組みをつくっています。

典型的なのは、先述したＳＮＳの日報における「今週の感謝」です。小さなことから大きなことまで、相手を名指しした上で「今日のあれは助かったよ。ありがとう」とみんな

が見る場所に書いてもらいます。

何かしてもらったときに、つい「すみません」と言ってしまいがちですが、「ありがとう」のほうが気持ちがいいのです。その感謝を文字に残せば連鎖反応を引き起こし、良い社風づくりの効果を生むと思います。

また、今年から「サンクスギビングカード制度」を導入しました。

社内で感謝のメッセージをカードという形にして送り合う制度です。専用のカードを制作したので、オフィスに掲示板を設けて、貼り出していくイメージです。

単に「書きましょう」と言うだけではなかなか定着しないので、そのカード1枚ずつにポイントをつけて、一定数貯まった人に対して、会社から表彰状と報奨金を出すような形にしています。

「お金のためにやるのはどうか？」という意見もありましたが、動機は不純でもいいのです。大切なのは、行動に移すことです。それがやがて自然と社風になるのです。

他人の良いところを見つけて書くわけですから、普段からそういう視点でメンバーを見るようになるはずです。それぞれの人に美点や得意分野があるので、そこに視点が行くようになり、そういう気づきの機会が増えれば、良い社風につながると思います。

じつは、４年前にもこの制度を提案していますが、周囲の反対に遭いました。

当時は、「カードを出す人も、もらう人も偏ります」と言われたのです。つまり、全員が感謝されない場合に不公平感や不満の原因になるという意見です。

ましてや、ポイントがついてお金につながるのであれば、偏れば偏るほど逆効果になるのではないかという反対の声が強くあり、導入を見送りました。

でも、現在の『テックビルケア』は、みんなが自然に感謝し合えるような社風ができ上がっていると自負しています。ＳＮＳの日報などでお互いに「ありがとう」と言い合っているので、４年前に比べたら土壌ができています。そこで再チャレンジを考えました。実際、幹部に打診した会議でも、とくに反対意見は出ずに賛成する人が多かったのです。

社長の私が率先して選んだ掃除当番は「トイレ」

会社を知りたければオフィスのトイレを見ればわかる——。そんな言葉を聞いたことがあります。

これは一理あると思います。実際、もしトイレが汚いままで放置されているならば、社員が会社に関心がない表れではないでしょうか。社内にゴミが落ちていても拾う人はいない、トイレが汚くても放置して誰も掃除しない。

つまり、会社がどんな状態であろうと自分には関係ないという社風なのです。人心が荒れていては、いくら仕事だけ頑張っても繁栄するはずがありません。

翻って、当社のトイレはどうでしょうか。

恥ずかしながら、清掃の時間は定められていたけれど、昔は形骸化していました。清掃当番が回ってきても、真面目にやる人もいる一方で、無視する人もいる始末でした。別にやってもやらなくても評価に関係なく、誰かに指摘されることもなかった。完全にそれぞれの個人任せという形になっていたのです。

再三申し上げているように、社内環境の整備は、みんなの意識を一致させる上で最重要課題だと思っていました。３Ｓ活動の導入もその一環です。

だから、全員参加型の社内清掃をルール化しました。決められた時間に全員で掃除をする習慣を定着させることからスタートしたのです。

以前は、掃除をする時間もバラバラでした。週ごとに「○○さんは階段の担当」とエリアを割り当てられて、自分の任意の時間に掃除しておく決まりです。真面目に清掃をする人もいたけれど、先述したように手を抜く人は全然やりません。そんな不公平な状態が社内的に黙認されていたのです。

当時の当社は「清掃業務」を請け負う会社でありながら、社内の清掃に関してはまったく胸を張れる部分がありませんでした。

やはり、社長自身も含めて全員参加型でなければ、社内に習慣づけるのは相当に難しいと思います。しかも、清掃の時間を決めて一斉にやるべきです。

全員参加とルールを決めた以上、私は社長として率先してやらなければなりません。

そこで、嫌がられる場所であるトイレ掃除を担当したのです。

現在のオフィスのトイレは男女別になっていますが、当時はひとつでした。毎週、私は率先してトイレを掃除し、便器を磨き続けました。3年間は私がトイレ掃除をやっていたのです。

冒頭でトイレが汚い会社は、社員が自分の会社に関心を持っていないと言いましたが、まさにそう思います。

人によって清潔感の感覚は違うでしょうけれど、家の中でも汚いと一番気になるのはトイレでしょう。

建物自体の古い、新しいの問題ではありません。古い建物でも手入れがされて、掃除が行き届いていれば気持ちがいいものです。社風は清掃状態に象徴されると思っています。

私自身の掃除のスキルは一般的なレベルです。

だから、手抜きの社員に対してやり直しを命じることはありません。会社をピカピカにしたい気持ちの前に、とにかくみんなで掃除に取り組むことを習慣化するのが一番の目的なのです。清掃そのものの質に強いこだわりがあるわけではないのです。

ちなみに自宅でもトイレは私が掃除することもあります。でも、会社のトイレの清掃のほうに力が入ります（笑）。

ならないと思っています。

賞与は感謝を込めて社員に手渡しする

スモールカンパニーの社長は、社員とダイレクトに接する機会を意識的に持たなければならないと思っています。

そこで、私は支給日に賞与を直接手渡ししています。

賞与も時代的に銀行振込が普通ですが、私の気持ちとしては社員とできるだけ接点を持ちたいのです。なので、賞与は現金の入った封筒をそのまま社員に渡しています。

年2回の賞与は、「育成面談」という形で、それぞれの社員へのフィードバックと今後の課題などをちょっと長めに話した後に渡しています。

今、会社はどういう状態で、次はどこを目指しているか、今回の賞与の額の根拠に関しても説明します。

評価はどうしても他人との相対になるので、「なんで俺はこんなに評価が低い」「俺の頑張りが反映されていない」という不満がほとんどです。

だから、私は1人1人に対してどういう部分が評価されて、なぜこの部分は評価されないのかについて全員に明言しています。

また、手渡す賞与袋には感謝のメッセージシートを同封しています。今の会社の状況やみんなへの感謝、そして家族の方々への感謝を書いた紙を同封しているのです。パソコンでベースを定型としてつくり、最後に私の手書きでひと言つけ加えて署名しています。

お客様にも「お役立ち活動」で感謝を示す

事業がちゃんと軌道に乗るまでは、仕事を選ぶ余裕がありませんでした。

だから、私も最初はどんなに深夜や早朝の案件でも、嫌なお客様との仕事であっても、選り好みをせずに引き受けてきた時期があります。

しかし、安定してきたとき、あらためて見直してみると、「忙しい＝儲かっている」という相関が成り立っていない状態に気づきました。つまり、利益にならない仕事に振り回されている状態です。

スモールカンパニーは〝貧乏暇なし〟になってはいけないと思っています。つねに創出する粗利益を意識するコスト感覚を忘れてはいけません。

あるいは、どんなに〝おいしい仕事〟でも金払いの悪いお客様とはつき合わないようにしています。「また仕事をお願いするから、支払いはちょっと待ってね」なんて甘い約束は信用しません。

本来ビジネスにおいて取引先への支払いは、１日でも遅れることは許されないのです。20日支払いの約束が21日に実行されるなんて、信義則としてあってはならないことだと考えています。

それに〝金払いの悪いお客様〟というのは、仕事に関してもだらしないところが多いものです。

だから、一度でも支払いの約束を守れない取引先は断るようにしています。キチンとお金を払う姿勢は、その人の考え方や仕事に対するポリシーにもつながるところなので、とても良い判断基準になっています。

京都では「一見さんお断り」という店があります。

私はビジネスの神髄をキッチリと貫いているなと思います。ひいきにしてくれるお客様を大切にして、ものすごく大きな利益は目指さないけれど、着実に喜ばれて、ビジネスとしても継続している。

会社も成長だけを目指していると苦しいので、継続するということが最大のミッションだと思っています。そこに焦点を当てれば、一生つき合えるお客様を大事にするということになるのです。

そういう意味では、売上額や客数にこだわってやみくもにお客様を増やすのではなく、儲けさせてくれるお客様に対して、良い意味で差別をして満足できるサービスを提供していくという「一見さんお断り」のやり方は、場合によってはビジネスとして芯の通った考え方だと思います。

これは、やみくもな規模の拡大を目指さないということです。当社も同じ考え方です。

そういった確固たるポリシーで取引先とつき合っていくと、業績は伸びているのですが、そういう意味では、当社は新規の営業が〝下手〟なのかもしれません。当社には〝営業マン〟はゼロです。

私に言わせれば、逆に伸びない会社こそ新規の営業が得意なように見えます。

伸びる会社は、既存のお客様を大事にしているから、リピート率が高いので、新規のお客様を必死になって増やす必要がないのです。取引の継続するお客様を手厚くすることは、企業が成長存続する上で必須条件です。

お客様の中に当社のファンを増やせば心強いのです。安売りをして、つねに新規客を集める必要がありません。

低価格で取った仕事は、さらに安い値段の会社が見つかれば離れていくものです。とくに関西圏ではそれが顕著です。お客様は本当に１円でも安い業者を探しているのです。

売上重視で、安値に下げ、新規客を狙っていると、私もメンバーも〝貧乏暇なし〟に陥り、消耗してしまいます。スモールカンパニーが強く成長していくためには、「価格」で勝負してはいけません。

私も経営者の１人として、値引きをして受注できるなら、少しでも値引きをして売上を増やしたい気持ちはわかります。ただ、「値下げしない経営」という、この心理的障壁を越えなければ、真の成長はないと思っています。

そこで、低価格にせず、むしろ値上げして会社の利益を上げ、労働環境を改善しようと方針を転換しました。新規の集客が得意ではなくても、利用してくれたお客様が依頼を継続してくれれば、着実に会社は成長できるはずです。

新規の営業に時間とお金をかけるより、既存のお客様に対するフォローを大事にすればいいのです。１回だけではなく、一生のお客様になってもらうためのフォロー活動に一番力を入れなければいけないと考えました。

それが、「お役立ち活動」です。

営業と言えば、自分のサービスや商品を売り込むイメージがありますが、私が意識してきたのは一貫してお客様に対するお役立ちです。こちらが売りたいものを売るのではなく、相手の困りごとに対して、少しでも役に立てる方法を提案するのです。

防災設備を含めてさまざまな機器の更新工事が必要になったときに、当社にとって一番儲かるのはどのプランかではなく、お客様にとっても〝コスパ〟の高い提案をするようにしています。

また、例えば定期報告の新規の案件をいただいた際は、消防点検の提案もさせていただくのですが、すでに長いおつき合いがあって良好な関係があるようなら、あえてこちらから身を引くようにしています。

「今の業者さんより安くなりますよ」とか、「当社で一本化したほうがラクですよ」といった営業トークで仕事を取るのではなく、お客様にとっての最善を提案する。つまり時と場合によっては、今の業者さんで継続されることを勧める。これが本当のプロであり、「お役立ち活動」のひとつだと考えています。

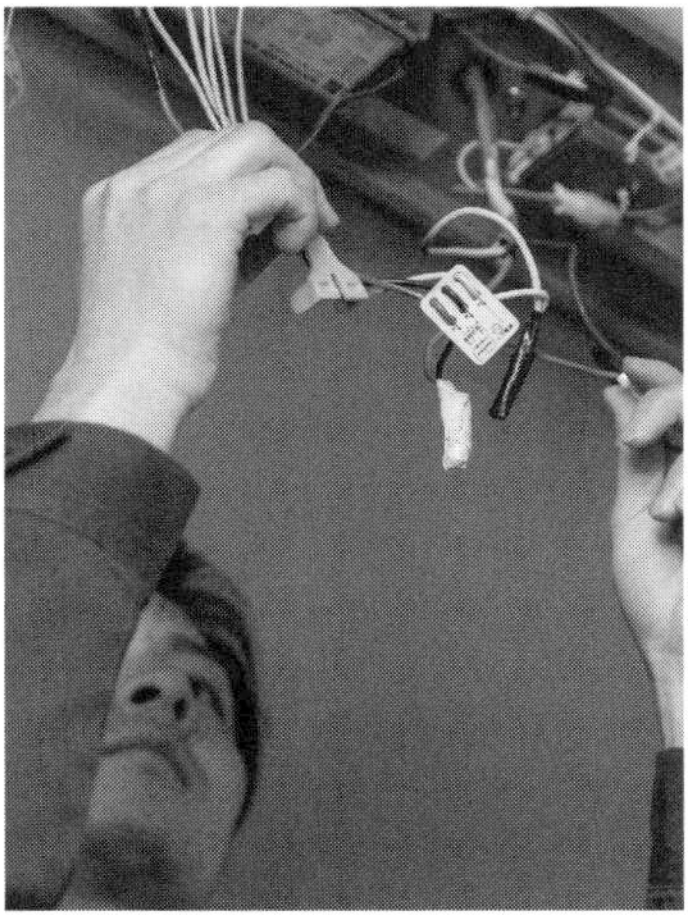

スモールカンパニーは大企業と比べて小回りが利くので、これが可能になります。現場での作業中も、お客様から「ちょっとこれも見てよ」みたいな感じで追加依頼の声がかかることは多いです。そこで杓子定規に「すぐにはできません」と断っていれば大きな会社と同じ対応になってしまいます。お客様に呼ばれたらまずは足を運ぼうとか、そういうフットワークの軽さこそがスモールカンパニーの強みだと思っています。

当社では、入社1年目、2年目の社員でも、お客様との直接交渉をOKにしています。もし安くしすぎて成約したとしても、叱ることはありません。それも1つの大切な〝経験〟として捉えます。「上司と相談します」と言うより、その場でスパッと決めるほうがお客様も気持ちが良いはずです。

といっても、〝何でも屋さん〟になりたいわけではありません。

スモールカンパニーは、何でも屋になりやすいので注意が必要です。そうなるのは、売上が上がれば利益も比例して上がるとの誤った思い込みがあるか、社長から売上を上げるようにプレッシャーがかかっているかのどちらかです。

相手の役に立ちたい思いだけが先走れば、当社の業務とは関係ない頼みごとでも「直接の売上にはならないけど、お手伝いしてみようか」と引き受けてしまいます。

例えば、建物の内装について「何とかならないかな」と相談される場合、私も内装業者に知人はいるので、頼めば見積もりを出してもらえますが、当社の業務は内装とは関連していません。これが〝何でも屋さん〟になるパターンです。

当社でその仕事を受けるのではなく、業者さんを紹介してあげればいいだけの話です。お客様からも感謝されます。

お客様に喜んでもらえるなら、将来の利益につながるなら、できることは何でも引き受けてみようとすれば、結構できてしまうのです。

しかし、長い目で見れば、〝何でも屋さん〟では業界で差別化できず、生き残っていけません。建築防災に特化したスペシャリストを目指して、お役立ち活動にも取り組んでいきたいのです。

そのための専任スタッフも雇っています。

当社にはいわゆる営業パーソンはいませんが、営業フォロー担当がいるのです。よほど大きい案件が来た場合には私に相談がありますが、できるだけ任せるようにしています。

彼は私の入社の直後くらいに『テックビルケア』に来てくれました。前職は営業マンで、防災の知識はまったくない状態で入ってきて、自分で見たり聞いたりしながら、熱心に知識をつけていったのです。

スモールカンパニーが取るべき戦略は、八方美人になるのではなく、選んでほしい人に届くように自分の〝強み〟を絞り込むことです。

「誰でもいい」「どの会社に頼んでもいい」ではなく、「『テックビルケア』がいい」と指名してもらえるような会社にしていきたいです。

▼真のチームワークは「切磋琢磨」で培われる

ここまで、社長である私は社員とのコミュニケーションを増やし、距離を縮める努力をしていると紹介してきました。しかし、その距離感を間違ってはいけないとも、つねづね考えています。よくメディアに登場するＩＴ企業などがガラス張りの社長室を紹介していますが、あの形がすべての会社にベストだとは思っていません。

私は、ほどよい距離感を保つ意識を心がけています。

社員も含めて全員で「和気あいあい」の会社を目指しているわけではないのです。

そんな〝ぬるま湯〟の状態では、お互いの甘えを許し合い、本音を言えない空気になり、決して良い仕事場とは言えません。

職場は厳しい本音も言い合える「切磋琢磨」の関係性が望ましいと思います。

まさに本当にチームワークがいい、雰囲気の良い会社は、「和気あいあい」ではなく、「切磋琢磨」しているのではないでしょうか。

当社はコミュニケーションが良好で仲の良い会社を目指していますが、その方向性を間違えると〝仲良しクラブ〟になってしまうのです。仕事をする以上、時には厳しい場面が生まれるし、メンバー間でも注意や叱る必要も出てきます。その際に、和気あいあいの関係を壊したくないがために、相手に言いづらくなって「まあ、いいか」と口をつぐんでしまう雰囲気になったら、仕事に悪影響が出ます。

普段の私は冗談を言うし、オフィスでも基本的に笑顔を見せています。

しかし、ここぞという局面では社員に厳しい言葉を投げかけます。心からその人のためを思い、成長してほしいと考えるからです。自分の子どもに「この子のために言っておくべきだ」という判断基準を持って接していると言えばわかりやすいでしょう。日常では楽しいコミュニケーションを取っていても、言うべき場面では言う。そういうメリハリをつけられる職場にしたいのです。

見方を変えれば、和気あいあいだけを追求するのは、会社の長所ではなく短所になると気づきました。切磋琢磨できるようなチームで、かつ仲の良い、本音をちゃんと言い合える関係こそベストです。上っ面だけではなく、お互いに本音を言い合って、相手の成長を考えて注意をし合えるようなチームワークを目指しています。

今は明確にそう思いますが、以前の私は、厳しさをどう発揮すべきかに関して、かなり悩んでいました。

『テックビルケア』に入社した私は、ほどなくして役職に就きましたが、古株の社員に対してどう接したらいいか悶々とした時期があります。彼らは、入ったばかりの年下の私から注意を受けるのは嫌でしょう。私自身も叱責することにすごく抵抗がありました。

もちろん、会社のため、その人のためを思えば、言うべきことは言わなければなりません。心の中ではわかっているのですが、やっぱり言いにくいのです。

ただ5年ほど前に、ほとんどの実務を任され、私の判断ひとつで会社のすべてが決まるという責任感が芽生えてから、大きく変わりました。どちらが大事なのかを考えれば、反発を食らうことを恐れていたり、自分が楽なほうへ逃げてはいけないと思ったのです。

やはり「甘さ」と「優しさ」は違います。

相手に嫌な顔をされるから言わないのは、「優しさ」ではなくて、単に自分への「甘さ」に過ぎません。「こんな厳しい指摘をしたら、相手が傷つくかもしれない」とか、「関係性が悪化するかもしれない」と思って躊躇するのは、誰のためにもならないのです。

先述したように「自分の子どもだったらどうするか？」に置き換えて判断することにしました。愛情があるなら、相手の成長を願って言うべきことは言えるはずです。

では、どんな場合に私は注意するのか。

例えば、正社員が、当社の非正規の従業員の人たちを「あのアルバイト」や「あのパート」などの言い方をしたら、その場ですぐに注意してきました。今では、もうそんな呼び方をする社員はいなくなったのです。

私の本心を彼らが理解してくれたからだと思います。

やはり、普段からのコミュニケーションや信頼が築けていてこそ、本気の注意が相手に伝わるのです。社長と社員の会話を増やしてきた時間は、私が言うことを理解してもらうための土台づくりにもなっていたと思います。

あえて言えば、私自身は立場もあるし、実行しないといけないと心がけて注意しているのですが、社員同士での切磋琢磨はまだ不足気味です。仲がいいのは喜ばしいけれど、もう少し言うべき本音を言い合ってもいいかなという印象です。

切磋琢磨という形でお互いに高め合う、良い競争意識を持っているようなチームワークが一番いいのです。

社員を「Well-being」にしたい

社員が幸せになる企業をつくり上げたい——。これは当社の経営理念であり、私の果てない夢でもあります。

ただし、ここで言う「幸せ」はHappyではなく、Well-beingです。

この2つは似て非なるもので、私の中では定義が違います。

私の目標は社員が満足した上で、社外の人たちから見ても「いい会社だよね」と評価されるような会社にしたいのです。

もちろん、まだまだ道半ばです。ただ会社の実権を任されたばかりの5年前とは違って、目標がより明確に定まってきたという感触はあります。

私の目指すゴールは、数字を目標にしているわけではなくて、社員の幸せという目に見えないものが最終地点なので、実現への努力はずっと続くのでしょう。

５年前は、とりあえず会社を大きくしたいという気持ちがありました。大きくというのは社員数や売上などの規模で考えていましたが、日々の仕事に取り組むうちにだんだんと考えが変わってきたのです。

たとえ規模が小さかろうと、誰に対しても誇れる会社はいっぱいあります。

少ない人数であっても、みんなが本心から「この会社で働いていて良かった」と思えるような会社をつくるほうが、経営理念にも合っています。

そこでＨａｐｐｙとＷｅｌｌ－ｂｅｉｎｇの話になります。

多分に私自身の感覚も入るのですが、Ｈａｐｐｙと聞くと、今の状態を手放しで喜んでいる感じがあります。

一方でＷｅｌｌ－ｂｅｉｎｇというのは、自分の置かれている環境に対して純粋に感謝でき、時にはつらいことやしんどいこともあるけれど、それらも含めて「今、自分は幸せである」という感情の根幹となる心理状態だと捉えています。

Ｈａｐｐｙと言ってしまうと、どうしても断片的で、今が良ければいいという限定された状態のイメージです。それに加えてＨａｐｐｙだと、感情が先走って前面に出てくる印象を受けます。その状態を悪いとは言いませんが、そこから長続きする気がしないのです。どうしても浮き沈みがあるように感じてしまいます

Ｗｅｌｌ－ｂｅｉｎｇのほうはＨａｐｐｙほど感情が動く感じではないのですが、安心感というか安定感というか、「ずっとここにいたいな」と思えるような〝多幸感〟を表しているつもりです。

この会社にいるのが嬉しい、これからもずっといたいという思いです。社長や同僚など、会社の全部に対して感謝したい気持ちです。

そういう幸せを表現しているのがＷｅｌｌ－ｂｅｉｎｇという言葉です。

現状では、数年前と比べたら社内にＷｅｌｌ－ｂｅｉｎｇ感は広がってきていると信じています。実際に毎年期末に実施している無記名の社員アンケートを見ていても、５年前と比べれば確実に前進しているとは感じます。

まだまだ足りない部分もあるし、私の目指すゴールはまだ先なのですが、社員１人１人がＷｅｌｌ－ｂｅｉｎｇ感になれれば、もっと素晴らしい会社になっているはずだと思っています。

防災コラム 6

東京と大阪で感じている〝お客様の違い〟

大阪に拠点を置いて活動していた当社ですが、2015年1月に東京に進出しています。

仕事の量がある程度増えていた会社をもう一段階成長させるための選択でした。やはり、大阪と東京では市場の大きさには雲泥の差があります。大阪でこれだけの成果を出せているのであれば、市場が大きい東京でも勝負したいと考えたのです。

事前のリサーチでは東京の「点検市場」は大きい分、競争も激しいという結果が出ていました。そこで、父とも相談し、期間と予算に条件をつけ、その範囲で頑張っても無理なら、潔く撤退しようと決めたのです。おおよそ3年間やってみて黒字化できなければ、あきらめる予定でした。

なので、東京の拠点はバーチャルオフィスからのスタートです。

キチンとしたオフィスを借りる予算はないので、とりあえず住所だけを置いて、東京で活動を開始するという形です。

当時は私が1人で大阪と東京を車で行き来して、業務をこなしていました。インターネットに広告を出すと、今までは大阪の会社と見られていたのが、東京にも支社がある業者と見てもらえて、東京のお客様が増えてきたのです。それでも、最初の年は週に1往復するぐらいの頻度でした。いちいち荷物を持ち歩くのが大変なので、トランクルームを借りて預けておきました。

目標だった黒字化は、思ったよりもはるかに早かったです。もしかしたら1年かからなかったかもしれません。わりと早く脱却できました。

2年後には、品川区にオフィスを持つことができたのです。現在でも同じ場所に東京支社があります。

ただし、3年間で黒字という目標は達成していましたが、当時はまだ完全に軌道に乗ったわけではなく、経費削減のために、私は東京の仕事の度に、オフィスで寝泊まりしていました。

こういう話をさせてもらうと、「大変でしたねえ」という声をかけていただくのですが、私自身は苦労だとは思っていません。東京での仕事が増えている実感がありましたし、自分も会社も成長していると喜んでいました。ただし、今、あの生活に戻れと言われたら、正直ムリです（笑）。

現在も楽しく過ごしていますが、オフィスに寝泊まりしていた当時も心から楽しかったと言えます。あまりしんどいという感覚はなかったです。

そのときは本気で自分の行動量が多くなったことを楽しんでいました。あの生活をまたやりたいとは思いませんが、当時は〝頑張っている感〟も含めて楽しんでいたのです。

大阪と東京の両方で仕事をしていると、よく尋ねられる質問があります。

「大阪と東京のお客は違いますか？」

率直に答えるなら、「違いはあります」になるでしょうか。

例えば、取引が成立するまでの交渉に顕著な特徴があります。

これは私も大阪の人間なので、愛を込めて言わせてもらいますが、大阪人というのはケチなので、料金を値切ってくるのです。問い合わせの段階で、大阪のお客様は「とりあえず、いくらでやってくれるねん？」と切り出してきます（笑）。

あるいは、今まで頼んできた業者がいるけれど、もっと安くできるのならそちらに頼みたいので、見積もりをしてほしいという問い合わせが一番多いのです。

消防点検というのは基本的に継続して請け負う仕事なのですが、大阪のお客様は他社のほうが安いとわかるとアッサリと切り替えます。

一方、東京のお客様は、ほかに安い業者がいたとしても、今契約している業者に不満がなければ、料金の差だけではあまり替えられません。キチンと仕事をすれば納得して規定の料金を支払ってくれます。

現在の業者から切り替える際も、「今取引している会社にはこの金額でやってもらっている」と正直に金額を提示してくれます。その上で「そちらはどれぐらいの金額でできますか？」と交渉に入るので、オープンだなと感じました。

大阪の場合は、本当に支払っている金額よりちょっと下の数字で交渉してくるので、「その条件では無理ですよ」というケースも少なくありません。

少々、地元の大阪に毒舌になってしまったかもしれないけれど、当社も私も、大阪のお客様に育てられたと思っているので、お許しください。

終　章

2代目社長だからこそ絶対に大切にすべきことがある

同じような環境にいる人が読んでみたいなと思える本を目指しましたが、いかがでしたか。お役に立つことはできたでしょうか。

私自身、巷にあるビジネス書を手に取っても、大企業向けの難しいノウハウを書いている内容の本が多い印象でした。スモールカンパニー経営のノウハウと言うと照れますが、自分の経験や知識をミックスして、現在の地点までたどり着いたというのが、現在の私の思いです。もし当社と同規模の経営者の方の役に立てればこの上ない喜びです。

2代目だからこそ感じられる「つながり」

私は2代目の社長です。

よくどういう形で初代の経営する会社に入るのが良いのかと質問されます。2代目として会社に入るいろいろなパターンがあるでしょうけど、わりと私自身の辿ってきた形がスムーズではないかと思います。

学校を卒業してそのまま親の会社に入るのは、「百害あって一利なし」と考えます。

私は26歳で父の会社に入りました。もっと年齢が上になってからでも、一番下っ端から始める覚悟があるのなら、問題ないと思います。

数社に勤務し、良いところも悪いところも見て、自分が経営者になったらこうしたいなと私は腹案を練りました。業種も規模もさまざまな会社を経験したことが、社長になった際に大きく活きてきます。他の会社を経験してから戻ってくるほうがいいでしょう。

▼2代目だからこそ味わうことになる「苦労」

私自身は、あまり2代目としての苦労というのは感じたことがありません。

もちろん、他の会社に新入社員として入ったときと、今の会社に戻ってきたときとでは、周りの社員の反応や雰囲気は違います。それとなく気をつかわれている感じはしました。ですが、私は2代目だからといって偉そうにするつもりはなく、最初は学ぶ身として、なるべく下手に出るようには心がけていました。

それもあってか、反発みたいなものは感じませんでした。

私は入社後に数字を上げて実績を積んだため、口だけで社内改革を手がけたわけではありません。その流れに合わない人が辞めていくのは仕方がないのです。実際、新体制に合わないのに無理して残る人はいませんでした。

入社時は、周りが私より古株だったので、そういう人たちに受け入れてもらうには結果を出すしかないなと最初から思っていました。

その部分では自信があったのです。この本で紹介してきたようにネット広告や防災事業へのシフトにおいて、自分の強みを出せることに対する自信です。入社前から自分なりにリサーチをして、他社はどうやってビジネスを進めているのかを実体験して、ウチでもやれるなと確信していました。

まずはその実績で会社に利益をもたらしてから、自分の意見を言おうとも決めていたのです。最初から組織改革や社員教育に着手しようとは思っていません。ちゃんと結果を出して、数字を上げたというベースがあった上で、その次に改革だと考えていました。いきなり「組織改革しよう」と言っても、周囲がついてきてくれるわけがありません。

その意味でも、他社での勤務経験があることは重要です。

1人の社員として会社に入り、組織の中で発言権を得るなら、自分で成果を出すだけでなく、周囲に気に入られる部分も必要です。そういう物事を動かす上での世渡りの上手さについても、他の会社で鍛えられたので、いい経験になりました。

他社の朝礼などで社長の話を聞く際に、こういう構成でこういう話し方をすると納得しやすいなとか、腑に落ちるなというように、話し方にも注目していました。社会に出てからのあらゆる場面で、2代目として会社に入るという自覚を持って仕事に取り組んできたのです。

今があるのは信じて任せてくれた先代社長のおかげ

2代目と先代社長との関係についても触れておきます。

まずは先代社長から創業の考えや、経営観、思いをしっかり聞いて、関係性を深めることが何より大事になります。

私と先代社長のやり方はまったく違うように見えるかもしれませんが、要所要所でしっかりと話し合いをしていました。だから、目指すべき方向性や、どんな会社にしたいのかという思いに関しては100%合致していたのです。

それゆえに、先代社長も私を信頼してくれて、大きな口出しはしませんでした。

この「任せてくれた」という先代社長からのサポートが大きいのです。

本来インターネットでの集客や、ホームページに数百万円の予算を計上することは、先代社長の経営観からすればありえないやり方でしたが、気持ちをグッとこらえて、私のやりたいようにやらせてくれたことに感謝しかありません。

先代社長は創業者であり、自分の人生を賭けて会社を設立したわけです。その会社を息子とはいえ、他人に任せる以上、今までの自分のやり方の中で変えられる部分は出てきます。時代が変わっていくので仕方がないことです。

先代社長は、私を信じて任せてくれたために、私自身の特徴をうまく発揮できた感じがあります。これがもし、先代社長から助言されながら経営していたら、結果的に正しかったとしても、今の私の社長としてのあり方とは全然違っていたはずです。

ただし、決して甘やかされていたわけではありません。

先代社長から、私は何度も「おまえは清掃で飯を食わせてもらっているんだぞ」と言われていました。私の入社から数年間は、清掃業務のほうが会社の事業の柱になっていたからです。

実際に防災部門が数字で超えるのは本当に大変でした。最初は清掃の4分の1も出せていなかったからです。正直言って、1割ぐらいの時期からスタートしています。

しかも、最初の現場の多くは、清掃の依頼を受けていたお客様でした。「防災点検をやってください」という話が単発で来ることはほとんどなかったのです。

だから、消防点検以外にも、建築物の調査・検査に業務を広げていきました。

経営理念は創業時から脈々と受け継いでいる

当社は、やり方は変えていても、私が先代社長から受け継いでいる経営理念や、会社のあり方に関してはずっと変わっていません。

まずは、社員に幸せになってもらうための経営をする——。その前提の上で、社会貢献や、他の人に役立つ仕事をするのです。社員に「この会社に入って良かった」と思ってほしい。そういう会社にしていくために、私は先代社長からこの会社を引き継いで経営しています。

将来、私も誰かにこの会社を受け継いでもらうわけですが、この経営理念に関しては曲げない人に引き継ぎたいと思っています。条件を言うならそれだけです。

私は運もありましたが、会社のあり方は変えずに、いいタイミングで会社のやり方を変えていくことができました。この信念を持っていないと、今後さらに激しくなる時代の変化の中で、会社のあり方などが行き当たりばったりになりかねません。

経営者はあらゆる場面で決断を迫られるものです。

その際に自分の中に軸というか、信念がなければ方向を見失ってしまいます。

たしかに決断を迫られるのは厳しい。でもビジネスの世界では、0か100かで決断できるケースのほうが少ない気がします。ときには60点の決断だってありなのです。

じつは、私は普段から「何でもいいです」は、できるだけ使わないように心がけています。例えば、社員と食事に行く際に、「何を食べたいか」の希望を尋ねても、「何でもいいです」と答える人がいます。もちろん悪気があるとは思っていません。本当に何でもウェルカムであるという意味なのはわかりますが、「私はこれが食べたいです」と答えてくれる人のほうが素敵です。

だから、私は小さい選択でも自分の意思を持つようにしています。

もちろん、悩みがないわけではありません。とくに人に関する悩みが一番多いです。

当社は、価値観を採用基準にしています。価値観は「良い・悪い」ではなく、「合う・合わない」の世界です。実際に入社して働いてもらって、お互いの価値観の相違があらわ

になることもあります。

でも、経営者を辞めようかなと思ったことはありません。

少し疲れたときには、ずっとつけている手帳の昔の日記を読み返すと、「毎日が楽しい」とか書いてあって嬉しくなるのです。

先代社長から褒められているのかと、よく人から聞かれます。

私に対しての注文がない代わりに、よくやったと直接評価してもらったことはありません。ただし、漏れ聞こえてくる部分はあります。印象的なのは、社員との飲み会や懇親会などの場で、会長（先代社長）が社員に対して「今の社長（私）がやってきたことが会社の成長につながっているんだ」というニュアンスの話をしているのを、ちょっと耳にした覚えがあります。そういう意味では、評価してくれているのかなと思っています。

会社自体の成長に関しては、自分が想像していた以上です。

とはいえ、私もまだまだ道半ばです。

今、2代目として経営をしている人や、すでに社会問題になっている事業承継について、受け継いだらどう向かい合おうかと考える人に参考になるような情報が提供できればと思って本書に取り組みました。

自分がトップになったら、いきなり社内改革や、社員教育に力を入れたいと鼻息を荒くする人が多いかもしれません。その前にまず自分が率先垂範して実績を出し、数字を上げてから、次に社内改革や社員教育に移る。この順番を間違えてはいけないと思います。

実績をつくる場合でも、もともとその会社がどういう目的で設立され、どんな理念を持っていて、どういう会社にしたいのか。先代社長とその部分の話し合いをしっかりした上で、やり方は時代の流れに合わせて変えていけばいいのです。

私自身、挨拶や感謝、3S活動などを提案しましたが、実績を上げたという前提がないとみんなには浸透しなかったでしょう。

最後に私の将来の夢を語ります。

まだ先の話ですが、10年、20年後になって、自分の会社を誰かに任せられる状況になったら、私はほかのスモールカンパニーの経営のお手伝いをしたいのです。

コンサルタントみたいな仕事が嫌いではないので、将来は経営者としての経験などいろいろなノウハウを伝えて、若い経営者を育てることが夢です。

あとがき

「ありがとうございます」

ここまで本書を読んでくださったことに、改めて御礼申し上げます。

経営者として日々を送っていると、ビジネスの厳しい現実を直視する場面が多いです。

しかし、私は目に見えないものを大切にすることを忘れてはいけないと思っています。

「経営者として大切なことは何ですか？」という質問に答えるとするなら、自分の素直な気持ちと人に対する感謝の心に尽きるでしょう。

そこが私の経営の原点だと思います。

そのためにも、私は社長として積極的に発信していくつもりです。

ラジオや雑誌、WEBメディアなどに取り上げていただいたり、コラムを書くチャンスをもらったり、こうして本を出版する機会にも恵まれました。

出版という貴重な機会を与えてくださった現代書林の田中様には、この場を借りて心より感謝申し上げます。

思えば10年以上前に、自分の人生年表を書いたことがあります。その年表には、家庭や仕事、健康などに関して目標を書きました。その1つに「書籍の出版」というのがありました。「文字に起こせば、願いは叶う」。今回の機会をいただいたときに、あらためて強く思いました。

スモールカンパニーの経営者として、私が出ていくことで、どういう会社なのか、もっと言えば、どんな社長が経営しているのかを多くの人に知ってもらい、役に立ってもらえるのが一番です。

また、40歳の2代目社長である私と似たような立場、境遇の人たちとつながることができれば、これにまさる喜びはありません。

スモールカンパニーは、大企業とは違います。

経営者は、大局的な戦略から、内部の小さなルール一つ一つまで自分で判断・決断しなければなりません。しかも経営資源であるヒト・モノ・カネが限られている中、ときにはギリギリの状態で綱渡りのようにビジネスや会社を動かす必要に迫られるのです。

あるいは、同族企業の「2代目社長」であれば、古参社員とのつき合い方など、テキストでは教えてもらえない、解決できない独特の課題や悩みもあります。同じような経験をした同士でなければわからないことばかりです。

とはいえ、大事なことは短期間で成し遂げられません。自分が目指すべき道があるのなら、まずは自分を信じましょう。そして、成し遂げたい目標を見据えて、逆算で具体的な実行計画を立てる。そこからゴールに至る道は、日々の習慣化の積み重ねです。

読者の皆さんの成功と幸せをお祈りしております。

最後に、会社がここまで来られたのは、他でもない働いてくれているメンバー全員のおかげです。ありがとう！　そして、どんなときも変わらず応援してくれている妻と子どもたち、本当にいつもありがとう！

2021年8月

㈱テックビルケア代表取締役社長　茶橋昭夫

[著者プロフィール]

茶橋昭夫 Akio Chabashi

㈱テックビルケア 代表取締役社長

1981年1月、大阪府吹田市生まれ。

中学から親元を離れて全寮制の中高一貫校(麗澤瑞浪中学・高等学校)に進み、高校ではニュージーランドで1年間の語学留学を経験した後、関西大学工学部へ進学する。

大学卒業後は、ソフトウェア会社、エアコンメーカーの修理エンジニア、防災設備メンテナンス会社を経て、2007年4月に父親の経営する「近畿クリーナ株式会社」(現在の「株式会社テックビルケア」)に入社する。

同社では、メインの清掃業ではなく、建築防災の分野の成長性に注目し、当時の業界では未開発だったインターネット広告を手がかりとして、徐々に防災部門の業績を伸ばし、会社のメイン業務へと育て上げる。

それに伴って、社内の環境整備、業務改善、人材育成などとともに、感謝の重要性を浸透させることにも精力的に取り組み、社員全員を一体化するためのルールや仕組みづくりに試行錯誤をくり返している。

その甲斐あって、2019年4月には代表取締役社長に就任する中、入社して10年以上経った現在は、経常利益を10倍にまで成長させている。

㈱テックビルケアホームページ　https://www.techbuilcare.com/
茶橋昭夫Twitter　@gogo_chabashi

[2代《だい》目《め》社長《しゃちょう》奮闘記《ふんとうき》]

売上《うりあげ》目標《もくひょう》をなくしたら利益《りえき》が10年《ねん》で10倍《ばい》になった!

2021年9月30日　初版第1刷

著　者 ―――――― 茶橋昭夫《ちゃばしあきお》

発行者 ―――――― 松島一樹

発行所 ―――――― 現代書林

〒162-0053 東京都新宿区原町3-61 桂ビル

TEL 03 (3205) 8384 (代表)

振替 00140-7-42905

http://www.gendaishorin.co.jp/

デザイン ―――――― 華本達哉 (aozora.tv)

写真 ―――――― ㈱テックビルケア提供

印刷・製本　㈱シナノパブリッシングプレス

落丁・乱丁本はお取り替えいたします。

定価はカバーに表示してあります。

ISBN978-4-7745-1914-2 C0034